Schatzmeister des Königs

Erich Maletzke

Schatzmeister des Königs

Ein dokumentarischer Roman

Wachholtz

ISBN 978-3-529-06125-7

INHALT

Vorweg 7

Der Überfall 9
Fremde Schätze 15
Besuch auf der Burg 27
Beim König 39
Weißes Gold 47
Eine Geldquelle 57
Der Schlossherr 65
Die Plantagen 85
Die Gewehrfabrik 101
Reisen 107
Der Leibarzt 119
Die Königin 129
Goldene Zeiten 139
Aktien und Sklaven 149
Das Ende 161
Das Testament 169
Die Erben 175
Preisverfall 187
Traumwelten 205
Gelockerte Fesseln 213
Veränderungen 219
Der Niedergang 229

Epilog 239

VORWEG

Normalerweise benötigen Romane kein Vorwort. Aber dies ist kein normaler Roman. Es ist eine mit etwas Fantasie angereicherte Lebensbeschreibung des Kaufmanns Heinrich Schimmelmann und seines Sohnes Ernst. Beide waren Finanzminister im deutsch-dänischen Gesamtstaat und zugleich Unternehmer, die mit Zucker, Kaffee, Waffen und vor allem auch mit Sklaven handelten.
Vater und Sohn Schimmelmann waren höchst unterschiedliche Persönlichkeiten, die auf fragwürdige Art und Weise Politik und Geschäft miteinander verbanden.
Der vorliegende Text stützt sich auf die Forschung des Kieler Historiker Christian Degn, der sich über mehrere Jahrzehnte mit der Familie Schimmelmann befasst und alle wichtigen Quellen erfasst hat.
Etwa 90 Prozent der geschilderten Ereignisse sind authentisch. Die fiktive Ergänzung hält sich so eng wie möglich an die historischen Fakten.

E. M.

Kapitel 1

DER ÜBERFALL

Wer würde bei einem jungen Mann 2000 Reichstaler vermuten, eine Summe, für die man zehn Sklaven der Güteklasse eins erwerben könnte. Zwar hat der gerade vier Jahre regierende, als aufgeklärt und weise geltende Preußenkönig Friedrich schon zum zweiten Mal einen Krieg angezettelt, aber das Gebiet, durch das Heinrich Carl Schimmelmann reitet, gilt als sicher. Plötzlich jedoch versperren ihm vier sächsische Ulanen den Weg. Woher er komme, wohin sein Weg führe?

Nach Dresden.

Und was sich dort unter dem Wams derart ausbeulend verberge? Schon zerren sie ihn vom Pferd, einer schneidet mit scharfem Messer gefährlich nahe an der Haut den ledernen Gürtel vom Leib. Oho, heißt es daraufhin, sieh an, welch merkwürdiger Reitersmann, vielleicht habe er noch mehr zu verbergen? Das Messer trennt das Wams auf, danach die Hosen. Bis auf die Stiefel, in denen ein Dutzend Goldstücke und mehrere Münzen verborgen sind, steht er jetzt nackt und zitternd im eisigen Ostwind.

Am Hals baumele ja noch etwas am Lederband. Diesmal hinterlässt das Messer sogar einen leichten Schnitt am Hals, und ein Bluttropfen rollt langsam auf die Schulter.

Das Messer kratzt nun an der Münze mit dem Kopf des Kaisers Hadrian. Kein Gold, wertlos, und nach einer eindrucksvollen Flugbahn landet der wärmere Regionen gewohnte römische Herrscher auf der dünnen Eisfläche des nahen Sees. Die unerwartet reiche Beute hat die Ulanen in allerbeste Stimmung versetzt. Deshalb verzichten sie darauf, ihr Opfer zu erschlagen, nehmen sein Pferd an den Zügel, wünschen sogar noch weiterhin gute Reise und machen sich in gemäßigtem Galopp davon.
Heinrich Carl Schimmelmann, der noch kurz zuvor mit keinem Geringeren als Feldmarschall Graf von Schwerin verhandelt und die erste Rate für die vereinbarte Proviantlieferung an das preußische Heer in Empfang genommen hat, steht nun ausgeraubt und entkleidet, aber immerhin körperlich fast unversehrt in einer eisigen, menschenleeren Landschaft. So gut es geht, bindet er sich seine aufgeschlitzten Kleider um den Leib.
Da die frostige Luft klar ist, sieht der auf dem mit Bruchholz beladenen Karren sitzende Landmann bereits von weitem die am See stehende Gestalt. Ein Fremder in dieser Gegend bedeutet Verdruss, und am liebsten hätte er dem mageren Ochsen einen kräftigen Hieb versetzt, aber der Fremde wartet schon am Weg und fordert Halt. Er sei überfallen worden, müsse dringend die nächste Domäne erreichen. Der Mann auf dem Karren sagt müde „Ja, Herr", und Schimmelmann klettert auf die Holzladung.
Auch der Gutsherr zeigt sich wenig erfreut von dem nicht geladenen Besuch, erklärt sich jedoch bereit, ihn am kommenden Tag zur nächsten Poststation zu bringen. Er sei in

Geschäften unterwegs, erzählt ihm Schimmelmann, verrät aber nicht, welcher Art sie sind. Man bietet ihm mäßiges Essen und Trinken, abgetragene Kleider von der Dienerschaft und für die Nacht eine kalte Kammer.

Die Aufregung des Tages läßt Schimmelmann lange nicht einschlafen. Ihn ärgert der dreiste Raub des Goldes, doch er weiß, dass es zu ersetzen ist. Viel mehr beschäftigt ihn ein anderer Verlust, der vielleicht noch nicht ganz verloren ist. Auf dem dünnen Eis des Sees liegt der Kopf des Hadrian, und als er ihm vom Halse geschnitten wurde, da ritzte das Messer nicht nur die Haut, sondern schnitt sogleich ein Stück aus seinem Herzen.

Immer wieder hatte ihm die Mutter die Geschichte von der römischen Münze erzählt. Viel mehr und lauter als seine Geschwister habe er erst in der Wiege, dann im Kinderbett geschrieen. Besorgt habe man ein ums andere Mal den Medikus kommen lassen. Der habe gedrückt und geschüttelt, übel riechende Mixturen anrühren lassen und sogar die ekligen Blutegel angesetzt. Jeglicher Erfolg jedoch sei ausgeblieben. Als die Amme eines Tages den ewigen Schreihals aus seinem Bett heben wollte, sei ihr die Münze mit dem Hadrian-Kopf aus der Tasche gerutscht. Der kleine Schimmelmann habe sie sogleich gegriffen und auf der Stelle das Geschrei beendet. Alle Versuche, die Münze mit List oder gar mit Gewalt der rechtmäßigen Eigentümerin zurückzuführen, hätten unerträglichen Protest zur Folge gehabt.

Der Kleine werde gewiss einmal ein tüchtiger Kaufmann, sagen die Besucher, die im Hause Schimmelmann den Nachwuchs begutachten. Groß ist allerdings der Schrecken, als nach drei völlig ruhigen Jahren eines Morgens das Geschrei lauter als je zuvor anhebt. Die Münze ist verschwunden, und in schlimmer Ahnung wird der Medikus gerufen. Er verschreibt erneut ein übel riechendes Pulver, und bald darauf kehrt Hadrian ans Tageslicht zurück. Vorsorglich fesselt man ihn daraufhin an ein Lederband, das der Heranwachsende fortan erst am Handgelenk, später am Halse trägt.

Zwanzig Jahre lang trennt sich Heinrich Carl Schimmelmann nicht von dem Geldstück. Mal ist es ihm Trost, mal bringt es Glück. Die beiden Lehrjahre beim aufbrausenden, in seinem Zorn mit der hölzernen Elle schlagenden Seidenhändler Weyland in Stettin erträgt er nur, weil die Mutter beim Abschied nicht ihn, sondern Hadrian an seinem Lederband geküsst hatte. Begleitet von dem Wunsch nach gemeinsamer gesunder Rückkehr ins heimatliche Demmin.

Er ist als Kaufmann noch unerfahren, denn er hat in viel zu jungen Jahren ein Transportgeschäft auf Elbe und Stecknitzkanal begonnen. Als schon Gläubiger drängen und der Bankrott unvermeidlich scheint, hilft der Glücksbringer erneut. Nur mit großer Mühe und mit Glück entgeht Schimmelmann der Schande im Schuldturm.

Je länger der ausgeraubte preußische Heereslieferant und künftige Schatzmeister des dänischen Königs schlaflos auf seinem Strohsack in der kalten Kammer liegt, desto überzeugter wird er, dass er im Leben nur dann reüssieren könne, wenn er die Hadrian-Münze rettet. Erst weit nach Mitternacht schläft er traumlos ein.

Die Nacht war eisig, und die Bäume glitzern am Morgen im Raureif. Gegen Mittag werde man aufbrechen, kündigt der

Hausherr beim Frühstück mürrisch an. Wenn der Gast sich die Zeit vertreiben wolle, könne er ja zu Pferde die Gegend erkunden.
Der steinhart gefrorene Boden dröhnt unter den Hufschlägen wie eine gewaltige Trommel. Der Weg zum See scheint ihm diesmal deutlich kürzer als bei der Fahrt auf dem Holzkarren. Da das Pferd sich weigert, bis ans schilfige Ufer vorzudringen, muss Schimmelmann absteigen und zu Fuß weiter gehen. Er hatte befürchtet, der Wind oder ein Vogel könnte die Münze davon getragen haben. Doch er sieht sie sofort. Die gerade aufgehende Sonne strahlte sie wie das Licht einer gewaltigen Fackel an.
Das Eis ist viel fester als am Tag zuvor, dennoch erkennt er, dass es ihn nicht tragen wird. Einen Augenblick denkt er daran, das Pferd in den See zu treiben. Doch er verwirft den Gedanken sogleich. Das Tier ist viel zu ängstlich, außerdem bestünde die Gefahr, dass die Münze von dem brechenden Eis ins Wasser rutschen und versinken würde.
Die Situation ist absurd, sie macht ihn zornig und erinnert ihn an wiederkehrende Träume, in denen er als Schiffbrüchiger das rettende Ufer bis auf wenige Meter erreicht hat, plötzlich aber nicht weiter voran kommt bis er schweißgebadet erwacht.
Im Rauschen des Schilfes hört Schimmelmann den Karren erst, als er den See schon fast erreicht hat. Die Zügel hält wieder der Mann, den er bereits kennt, neben ihm sitzt diesmal ein sehr schmaler und sehr kleiner Junge. Als Schimmelmann ihn sieht, weiß er sofort, was zu tun ist. Er eilt zur Straße, die nicht mehr als ein ausgefahrener Sandweg

ist, zeigt dem Alten, der den Karren bereits angehalten hat, einen Reichstaler und nennt die Gegenleistung: Er benötige den Jungen für eine kurze Hilfe am See, es gelte, etwas vom Eis zu holen. Der Mann blickt auf das Geldstück, antwortet müde „Ja, Herr". Der Junge aber schüttelt den Kopf und sucht Schutz hinter dem Rücken des Vaters. Mit einem unerwartet schnellen Zugriff packt ihn eine knorrige Hand an den Haaren und stößt ihn vom Karren auf den harten Boden. Schimmelmann hebt ihn wortlos auf, wundert sich, wie leicht er ist und trägt ihn zum Seeufer. Der Junge sagt nichts und wehrt sich auch nicht, als Schimmelmann ihn vorsichtig auf das Eis legt und auf die Münze zeigt. Die möge er holen, vorsichtig auf allen Vieren kriechend. Das Eis knirscht, bildet auch drohend einige weiße Adern, duldet jedoch die leichte Last. Nur Minuten später trägt der künftige Schatzmeister des Königs den Kaiser Hadrian wieder am Lederband um den noch schmerzenden Hals. Dem Retter drückt er einen Taler in die Hand. Wortlos dreht sich der Junge um und läuft zurück zum Karren.
Sein Pferd sucht Schimmelmann anschließend vergeblich. Es war ohne seinen Reiter zum Stall zurückgekehrt. Weder Mensch noch Tier scheinen ihm besonders zugeneigt zu sein.

Kapitel 2

FREMDE SCHÄTZE

Was eigentlich will Schimmelmann in Sachsen? Schließlich ist er von Geburt aus Preuße. Doch wer sein König ist, das ist ihm wahrlich völlig gleichgültig. Seine Heimat liegt dort, wo sich Geschäfte machen lassen. Und wo neben Reichtum auch Glanz und Ansehen zu erreichen sind. Dresden bietet dies alles.

August der Starke ist zwar seit zehn Jahren tot, aber nur körperlich. Seine Spuren sind in der Stadt allgegenwärtig. Besonders auffallend als vergoldetes Standbild am Elbufer. Und man erzählt sich, dass in manchen Nächten der goldene Reiter sein Podest verlässt und durch die dunklen Straßen stürmt. Die breiten Treppen zum Zwinger hinauf. Auf der mächtigen Terrasse trommeln die Hufe so heftig, dass die meterhohen Vasen der Porzellansammlung vibrieren. In wagemutigen Sprüngen geht es die Stufen hinunter in den gewaltigen Innenhof mit den Wasserspielen. Pferd und Reiter kennen sich hier aus. Haben sie hier doch viele Male an farbenprächtigen Aufzügen und Turnieren teilgenommen, stets siegreich und stets mit übertriebener Reverenz vom hohen Rat der Stadt begrüßt und von dem mit Prunk umgebenen Adel hofiert. Vier Wochen konnten die Festlichkeiten auf dem von protzigen Bauten von der Außenwelt abgeschirmten Festplatz dauern. Wie damals 1719,

als August seinen Sohn mit des Kaisers Tochter Josepha verheiratete.
Schimmelmann liebt Dresden nicht, die Stadt ist ihm unheimlich. Der im prunkvollen Schloss residierende Kurfürst und zugleich polnische König ist ihm nicht sympathisch. Als sächsischer Kurfürst nennt er sich Friedrich August II., als polnischer König August III. Nur einmal hat Schimmelmann ihn auf einem Fest gesehen. Fett und feist ist er, dazu mit Diamanten übersät. Er trägt die im Kerzenlicht funkelnden Steine als Spange, in Ringen, an Knöpfen und als Orden. Gleich mehrmals beobachtet Schimmelmann, wie der Gastgeber einen Diamanten von seinem mit Hermelin besetzten Umhang löst und ihn mit anzüglichem Lächeln in den Ausschnitt einer jungen Dame gleiten lässt. Mit Empörung erzählt ihm flüsternd ein Tischnachbar, dass der Kurfürst-König trotz der desolaten Staatsfinanzen und der ständig zunehmenden Steuerlast auf der Leipziger Messe einen 41 Karat schweren grünen Diamanten erworben habe. Für den schier unglaublichen Preis von 400 000 Talern, einer Summe, für die sich fast zweimal die gewaltige Frauenkirche bezahlen ließe.
Bei besonderen Gelegenheiten erfahren auswärtige Gäste oder auch angesehene Bürger der Stadt einen höchst ehrenvollen Gunstbeweis. Sie dürfen im Grünen Gewölbe die von Vater und Sohn August zusammengetragenen Schätze bewundern. Schimmelmann ist überrascht, als er ein vom Grafen Brühl persönlich unterzeichnetes Billett mit der Einladung zu einer solchen Besichtigung erhält; denn der undurchsichtige und immens reiche Graf gilt als Vertrauter

des Königs, und schon das geringste Anzeichen von Wohlwollen könnte der Beginn einer Karriere sein oder auch gewinnbringende geschäftliche Beziehungen nach sich ziehen. Obwohl erst 21 Jahre alt, besitzt Schimmelmann schon das Bürgerrecht der Stadt, betreibt eine „Materialhandlung", aber die Geschäfte mit Getreide, Gewehren und Stoffen laufen nicht besonders gut, mehrfach schon drohte Bankrott. Der junge Kaufmann setzt auf bessere Zeiten, und das ist für ihn der von seinem preußischen Landesherrn Friedrich II. gerade erneut angetretene Waffengang gegen die Österreicher.

Der Kurfürst-König befindet sich wieder einmal an seinem zweiten Arbeitsplatz in Warschau, wo ihn niemand liebt. Somit darf der Kanzler Brühl in Dresden regieren. Er tut es mit Begeisterung, und obwohl er durch seine Prunksucht, seine Verschlagenheit und sein herrisches Auftreten bei der Bevölkerung bereits seit Jahren in denkbar schlechtem Ansehen steht, macht er nicht die geringsten Anstrengungen, um seinen Ruf zu verbessern. Es ist ihm von Herzen egal, was seine Standesgenossen und erst recht die unteren Schichten über ihn denken. Da allgemein bekannt ist, dass Graf Brühl nichts ohne Hintersinn tut, fragt sich Schimmelmann, was ihn für des Königs rechte Hand interessant gemacht haben könnte.

* * *

Ein schneidender Ostwind bläst über die große freie Fläche am flussseitigen Teil des Zwingers, die Elbe ist schon seit

Wochen Eis bedeckt, und der Schiffsverkehr musste eingestellt werden. Obwohl seine private Kasse so gut wie leer ist, hat Schimmelmann sich für den kurzen Weg von seinem Wohnhaus, das zugleich als Büro dient, eine Kutsche angemietet. Wer etwas auf sich hält, geht selbst bei bestem Wetter nicht zu Fuß.

Graf Brühl erwartet die Besucher am Eingang des Grünen Gewölbes, begleitet von einem halben Dutzend Dienern, so dass es den Anschein hat, er sei der König persönlich. Jeden Gast spricht er mit Namen an und flüstert so leise eine Botschaft, dass sie nur der Angesprochene versteht. Allein wegen dieses einen begehrlich erwarteten Satzes sind alle gekommen.

Er soll in der Gunst des großen Friedrich stehen, auch mit seinen Heerführern bereits Geschäfte getätigt haben? So haucht der Graf mehr, als dass er spricht. Noch ehe Schimmelmann antworten kann, hat er sich bereits flüsternd dem nächsten Gast zugewandt. Immerhin weiß Schimmelmann nun, welchen Nutzen die Obrigkeit von ihm erwartet, und er ahnt auch, dass sich die schlechten Geschäfte in absehbarer Zukunft verbessern könnten.

Nach der Begrüßung zieht sich Brühl mit der Bemerkung zurück, wichtige Aufgaben zum Wohle des Staates seien zu erledigen. Ein für den Handel zuständiger Minister übernimmt die weitere Betreuung der Gäste.

Schimmelmann liebt es nicht sonderlich, die Schätze anderer zu bestaunen. Er hatte bereits überschwängliche Schilderungen über die königliche Sammlung gehört. Doch was in den Schränken und Vitrinen, auch gänzlich ungeschützt

ausgestellt wird, sieht, übertrifft nicht nur seine Vorstellungskraft, sondern löst zugleich Empörung aus. Oder ist es eher Neid? Welche sinnlose Verschwendung, denkt er jedes Mal, wenn der Minister mit vor Stolz glänzenden Augen eine neue Kostbarkeit vorstellt. Das Thronzimmer des Großmoguls Aureng Zeb zeige 132 Figuren, wohl ein Jahr habe der Künstler an der Szenerie gearbeitet, der Wert des verwendeten Goldes und der edlen Steine sei nicht einmal annähernd zu schätzen. Und hier die Korvette: bis ins letzte Tauwerk aus Elfenbein geschnitzt. Dort eine mit Szenen aus der antiken Mythologie verzierte Galeere, ein Kunstboot aus purem Bergkristall. Ein Stück, das der leider vorzeitig abberufene Vater unseres gegenwärtigen Oberhauptes als Kleinod auf mehreren Reisen in sein polnisches Reich mitgeführt habe. Und bei einer dieser Fahrten sei das kostbare Objekt durch die Unachtsamkeit eines Bediensteten zu Schaden gekommen, durch den berühmten Johann Melchior Dinglinger aber mit Hilfe eines goldenen Reifens derart kunstvoll repariert worden, dass sich die ursprüngliche Beschädigung in einen zusätzlichen Schmuck verwandelte.
Mit ähnlich weit schweifenden Erklärungen geht die Tour noch mehr als eine Stunde weiter. Ein Halbmeter langes goldenes Horn, besetzt mit Diamanten, Rubinen und Smaragden, dazu schwere goldene Münzbecher und silberne Pokale werden gepriesen und gebührend bestaunt. Hier in ihrer komplizierten Technik kaum begreifbare Uhrwerke, dort das Horn eines Rhinozeros, das unter Verwendung von Perlen, Gold und Silber in eine Weinkanne verwandelt worden ist. Ein Elefant, geschnitzt aus Elfenbein und

bedeckt mit einer Edelstein verzierten Prunkdecke, trägt nicht nur einen kleinen Mohren, sondern zusätzlich ein Schloss, dessen vergoldete Türme sich aufklappen lassen, so dass mit Parfum gefüllte Glasflakons zum Vorschein kommen.

Schimmelmann ist erschöpft wie nach einem vielstündigen Arbeitstag. Am liebsten hätte er sich unauffällig davongemacht, doch die Gruppe ist zu klein und zu auserwählt, als dass jemand, ohne Aufsehen zu erregen, die Schatzkammer verlassen könnte. Und groß ist auch die Gefahr, dass dem Grafen Brühl die Nachricht vom mangelnden Kunstverständnis des für Geschäfte vorgesehenen Kaufmanns hinterbracht würde, was nachteilig für die sich anbahnenden Beziehungen sein könnte.

Folglich beweist er Disziplin, bewundert nicht nur weitere edle Töpfe, Kannen, Uhren, Schiffsmodelle und Schmuckstücke, sondern nimmt auch am zweiten Akt der Besichtigung teil, die ins Residenzschloss führt und der Malerei gewidmet ist. Auch über diese Abteilung der kurfürstlich-königlichen Kunstkammer hat Schimmelmann mal begeisterte, mal empörende Berichte gehört, aber derart verschwenderisch, wie er es jetzt mit eigenen Augen sieht, hat er sich das Bilderkabinett nicht im Entferntesten vorgestellt. Der im heimischen Demmin mit seiner Erziehung beauftragte Hofmeister hatte der Kunst zwar nur mäßige Beachtung geschenkt, dennoch hatte die Unterweisung gereicht, um den Schüler mit den wichtigsten Namen aus der Welt der Malerei vertraut zu machen. Nie zuvor hatte er allerdings echte Gemälde von den großen Meistern gesehen.

Und nun sieht er sie gleich hundertfach. Albrecht Dürers Bild eines jungen Mannes oder die Stadtansichten des Canaletto, die ihm sehr gefallen. Während ihn die mächtigen Bilder mit den religiösen Motiven langweilen, kann er sich von einem kleinen Kunstwerk in der Abteilung Pastelle gar nicht trennen. Es zeigt eine grazile junge Frau, wohl eine Dienerin, die auf einem Tablett eine gefüllte Tasse nebst einem Glas Wasser trägt.
Schimmelmann muss sich beeilen, um wieder Anschluss an die Gruppe zu finden. Er erreicht sie in einem mit Kisten gefüllten Raum, und der Minister berichtet, dass hier ein besonderer, leider noch nicht ganz ausgepackter Kunstschatz verborgen sei, nämlich die erst kürzlich eingetroffene Sammlung des Herzogs von Modena. Der Fürst habe reichlich über seine Verhältnisse gelebt, brauchte infolgedessen dringend Geld, und der gute Kurfürst-König August habe die Güte gehabt, den in Not geratenen Standesgenossen durch Abkauf von hundert Gemälden, darunter Arbeiten von Tizian und Correggio, finanziell wieder, wie man zu sagen pflegt, auf die Beine zu helfen.
Bis dahin hat noch keiner der Gäste eine Frage gestellt, daher blicken alle ein wenig überrascht auf, als Schimmelmann aus dem Hintergrund zu wissen wünscht, wie man sich ein derartiges Geschäft unter Herrschern vorstellen müsse. Wie er diese Frage verstehen solle, fragt der Minister mit einem Unterton von Missfallen, woraufhin Schimmelmann, lauter, als eigentlich beabsichtigt, hinzufügt: Es wäre gewiss für alle interessant zu erfahren, was für eine derartige Sendung von Kunst zu bezahlen sei.

Schlagartig verstummen daraufhin die Gespräche, erschrocken über derartigen Wagemut blicken alle auf den unbekannten jungen Mann, und geradezu empört wirkt der Minister. Mehrere Sekunden lang sagt er gar nichts, dann holt er sehr tief Luft und antwortet: In die Privatschatulle des gnädigen Herrn habe selbstverständlich nicht einmal der Finanzminister Einblick, und jetzt werde er seinen erlauchten Gästen die Abteilung der englischen und schottischen Maler vorstellen. Damit schreitet er voran in den nächsten Saal. Schimmelmann fühlt sich ausgestoßen. Daher bleibt er erst etwas zurück, und als er durch eine halb geöffnete Tür den Innenhof der Residenz sieht, schleicht er sich verstohlen davon.

* * *

Freund, Feind, Freund, Feind. 1728 hatte August der Starke den Kollegen Friedrich Wilhelm I. zum Karneval nach Dresden geladen. Als Oberst verkleidet ritt der dicke Preußenkönig an, war von dem ausgelassenen Treiben in der Stadt so begeistert, dass er seinen Sohn nachkommen ließ. Später, als aus dem kleinen der große Friedrich geworden war, kam er immer gerne wieder nach Sachsen. Allerdings nicht zum Feiern.

Eigentlich wollte er sich auch gar nicht mit dem Kurfürst-König schlagen, aber der beging stets aufs Neue den Fehler, sich mit den Österreichern zu verbünden, und deren Kaiserin Maria Theresia, die Friedrich von ganzem Herzen verachtete, herrschte auch über Schlesien, mit dessen Besitz sich Preußens Macht vergrößern ließe. Da der Weg nach Schlesien nun einmal notgedrungen durch Sachsen führte, musste es in den Krieg mit einbezogen werden. Gleich drei Mal.

Als Heinrich Carl Schimmelmann 1743 nach Dresden kommt, ist gerade wieder einmal eine Phase des Friedens zwischen Berlin und Dresden beendet. Ab 1744 findet sogar richtiger Krieg statt, wovon man in beiden Residenzstädten jedoch wenig merkt. Abgesehen davon, dass die Bürger mit immer neuen Steuern belegt werden und auf den Schlachtfeldern, weit draußen vor den Stadttoren, der Tod haust.

Auch der junge Kaufmann Schimmelmann aus Demmin nimmt am Krieg teil, und zwar gleich auf beiden Seiten, bei den Sachsen und den Preußen. Nein, er ist kein Spion, wie man vermuten könnte, er ist Heereslieferant. Über sein eher bescheidenes Kontor in Dresden beliefert er die feindliche Armee mit fast allem, was Soldaten benötigen.

Ein sächsischer Bürger, dazu gebürtiger Preuße, macht Geschäfte mit dem Gegner? Das kann nur gut gehen, wenn schützende Hände vorhanden sind. Und die gibt es auf beiden Seiten. Beim zwielichtigen Kanzler Brühl, auch beim preußischen Friedrich. Krieg ist Krieg, und Geschäft ist Geschäft. Und wer weiß, wofür man den in Geldangelegenheiten ganz offensichtlich sehr geschickten jungen Mann noch gebrauchen konnte.

Im Krieg geht vieles schneller als in Zeiten des Friedens. Das Leben ebenso wie das Sterben und erst recht das Geldverdienen. Gerade noch musste der Materialhändler Schimmelmann überlegen, ob er sich eine Kutsche leihen könne, und plötzlich ist er Besitzer einer zweisitzigen Berlina. Trotz seines nicht sehr eleganten Auftretens muss er auch nicht mehr auf Einladungen hoffen, sondern ist gern gesehener Gast in den besten Familien der Stadt. Es hat sich herumgesprochen, dass er über weitläufige geschäftliche Verbindungen verfügt und sowohl beim preußischen König als auch beim sächsisch-polnischen Herrscher Ansehen genießt.

Kriegszeiten bieten wenig Gelegenheiten für das Private, doch nachdem 1745 Schlesien zum zweiten Mal für Preußen gesichert ist und die Österreicher nebst Sachsen erneut geschlagen sind, ruhen nicht nur die Waffen, auch die Geschäfte lassen ein wenig nach. Die Dresdner hat der siegreiche Friedrich noch einmal milde behandelt. Der Kurfürst-König hat sich davon gemacht und die Stadt der Gemahlin und den Kindern überlassen. Ihnen gegenüber zeigt sich Friedrich galant, verspricht Milde, umarmt die Königin sogar. Gezahlt werden muss trotzdem. Eine Million Taler entfallen auf die Sachsen. Anders als bei der Kunst stammen sie nicht aus der Privatschatulle des Herrschers, sondern von den ohnehin geplagten Untertanen. Nur Schimmelmanns Kasse wird durch den Krieg gefüllt.

Kräftiger Gewinn fließt inzwischen nicht nur durch Handel mit Stoffen, Kaffee, Zucker, Tabak Getreide und Gewehren, sondern auch durch Spekulationen, die den Rand der Legalität erst erreichen und dann überspringen. Ganz besonders einträglich ist das Geschäft mit sächsischen Staatspapieren, die in Folge des Krieges stark an Wert verloren haben. Preußische Untertanen aber dürfen sie auf Geheiß des Königs zum alten Wert eintauschen. Gedacht ist diese Vergünstigung für schon vorhandenen Besitz, aber Schimmelmann besorgt sich günstig neue Papiere und tauscht sie für den alten Kurs um. Als diese Transaktionen ruchbar und verboten werden, hat Schimmelmann bereits kräftig kassiert. Mit dem Reichtum steigt sein Ansehen, fortan verkehrt er in den besseren Kreisen. Auch im Hause des Generalintendanten des sächsischen Kommerzwesens Ernst von Gersdorff. Hierher kommt er auffallend häufig, was ausnahmsweise nichts mit Geschäften zu tun hat, sondern es lockt die 16-jährige Caroline Tugendreich. Ist sie die heimliche Tochter des Hausherrn? Nein, wohl nicht, sie entstammt dem Stettiner Offiziersgeschlecht derer von Friedeborn, ist aber von der Familie Gersdorff aufgezogen worden. Nichts spricht gegen eine Verbindung mit dem tüchtigen, dazu noch jungen Kaufmann. Der Ehevertrag bereitet keine Schwierigkeiten, und am 4. März 1747 findet die Hochzeit statt.

Auf den Tag neun Monate später wird ein Sohn geboren. Ordnung war für Schimmelmann schon immer das oberste Gebot, in geschäftlichen wie in privaten Angelegenheiten. Und da er mit der Braut und dem Vertrag sehr zufrieden ist, erhält der Erstgeborene als Zeichen des Dankes den Vornamen des Ziehvaters der Gattin.

Kapitel 3

BESUCH AUF DER BURG

Vierspännig fährt das junge Paar sonntags im Landauer in die nähere Umgebung. Gerne nach Pirna mit seinen großen prächtigen Bürgerhäusern, auch bis zur Festung Königstein, die auf ihrem Felsplateau mit Kasernenbauten und Proviantmagazinen, Brunnen, Wohnhäusern und sogar einer Kirche bisher allen feindlichen Angriffen getrotzt hat.
Schimmelmann wäre viel lieber an seinem Schreibpult geblieben und hätte die stets notwendigen Briefe oder Rechnungen geschrieben. Seine junge Frau jedoch fragt schon am Sonntagmorgen, wann man zum Ausflug aufbrechen werde und ob man nicht einmal den Weidenkorb mit dem Porzellan-Service benutzen könne. Besonders häufig äußert sie den Wunsch, wieder Richtung Stolpen aufzubrechen. Vielleicht gelinge es wirklich einmal, die berühmte Bewohnerin der Festung jedenfalls aus der Ferne zu sehen?
Meistens gelingt es ihm, einer Fahrt nach Meißen oder Pillnau den Vorzug zu verschaffen. Doch umso dringlicher folgt dann am nächsten Sonntag die Bitte, nun endlich einmal gen Stolpen aufzubrechen. Und schließlich lässt sich der Wunsch nicht länger abschlagen. Die Straße ist besonders löchrig und staubig, man durchfährt einige ärmliche Dörfer, legt am Elbufer einen knappen Aufenthalt ein, um das Porzellan-Service zu nutzen, und hat schon am frühen

Nachmittag das Ziel erreicht. Drohend und abwehrend liegt auf einer Anhöhe die Burg, ein von einem Posten zusätzlich bewachter Schlagbaum verhindert bereits frühzeitig die Weiterfahrt. Am Rande einer Wiese packt der Diener erneut den Weidenkorb aus, diesmal für einige gebackene Süßigkeiten, ergänzt durch geschälte Äpfel und verschiedene Obstsäfte.
Während Schimmelmann seinen faltbaren Stuhl so stellt, dass ihm der Kutschwagen Schutz vor den Sonnenstrahlen bietet, rückt seine Frau ihren Sitz in Richtung auf die Burg. „Vielleicht sehe ich sie ja", sagt sie hoffnungsvoll. Doch alles Warten ist einmal mehr vergeblich.
Schimmelmann hätte seiner Frau den Wunsch gerne erfüllt, auch deshalb, weil dann, wie er hofft, die nicht besonders beliebten Fahrten in diese Gegend beendet worden wären. Am Rande von Geschäftsverhandlungen hat er auch schon wiederholt zu erfahren versucht, ob es Möglichkeiten gebe, über den Schlagbaum und den Posten hinaus vorzudringen, vielleicht sogar die Burganlage betreten zu können. Aber von allen, die er angesprochen hat, war immer wieder zu hören, dass ein derartiges Vorhaben ganz und gar unerreichbar sei.
Bis eines Tages der Zufall zur Hilfe kommt. Bei einem Fest im Hause seines Schwiegervaters spricht ein schon ergrauter Offizier, der ohne Begleitung gekommen ist, die Tochter des Hauses und Gattin des Kaufmanns Schimmelmann an. Gestatten, Oberst Johan von Holm, er habe gerade erfahren, dass es sich bei Madame um die Tochter seines alten Kameraden Oberstleutnant Alexander von Friedeborn handele,

dem er vor Jahren als Adjutant in Küstrin gedient habe. Ob der Herr Vater noch bei guter Gesundheit sei und ob die Frau Tochter gegebenenfalls bereits wäre, die allerbesten Grüße zu übermitteln. Trotz seiner 58 Jahre gehe es dem Vater noch gut, antwortete die Angesprochene, und mit großem Vergnügen werde sie den Auftrag erfüllen.
Kess und selbstbewusst wie sie ist, stellt sie ihrem Gegenüber zusätzlich die Frage, was ihn denn von Küstrin in diese Gegend verschlagen habe, und erhält daraufhin eine Antwort, die ihre Neugierde weckt: Er sei nicht direkt in Dresden stationiert, sondern außerhalb der Stadt mit einer speziellen Aufgabe betraut worden. Ein anderer hätte nach dieser ausweichenden Auskunft dem Gespräch damit eine neue Wendung gegeben, denn ganz offensichtlich ist Oberst von Holm bemüht, seine besondere Aufgabe nicht preiszugeben. Doch obwohl Schimmelmann seiner jungen Frau schon mehrfach zwar liebevoll, aber auch zugleich ein wenig streng geraten hat, bei den gemeinsamen Auftritten in der Öffentlichkeit die Gespräche nicht mehr allzu forsch, sondern mit etwas Würde zu führen, vergisst sie diesen Ratschlag meistens schnell. Daher fragt sie den Oberst ganz unverblümt, weshalb er sich derart dunkel ausdrücke. Er möge ihr doch verraten, welcher geheimnisvollen Tätigkeit er nachgehe.
Einen Augenblick zögert er dennoch, da er jedoch erkennt, dass jede weitere Verschleierung sinnlos wäre, antwortet er: „Madame, ich bewundere nicht nur Ihren Charme, sondern vor allem Ihre Hartnäckigkeit. Und da Sie meine Beschäftigung unbedingt erfahren wollen, will ich Sie nicht

verschweigen: Ich trage auf der Festung Stolpen Verantwortung für eine gewisse, an allerhöchster Stelle in Ungnade gefallene Person."

Caroline Tugendreich Schimmelmann verschlägt diese Auskunft die Sprache. Ein „Oh" ist alles, was sie hervorbringt, und kaum hat sie das „Oh" mehr gehaucht als gerufen, ärgert sie sich über diese einfältige Reaktion.

Nun müsse sie dem Herrn Oberst aber unbedingt ihren Gemahl vorstellen, und damit zieht sie ihn wieder ohne die verlangte Würde am Arm ins Raucherzimmer, in dem ihr Gatte gerade über die günstige und möglichst schnelle Lieferung einer größeren Menge Getreide verhandelt. Hätte ein anderer das Gespräch gestört, er wäre ungnädig empfangen worden, doch gegenüber seiner jungen Frau ist der zu Grobheiten neigende Schimmelmann stets milde und liebenswürdig.

Das sei der Oberst von Holm, Kommandant der Burg Stolpen, stellt sie ihren Begleiter vor, und dann fügt sie hinzu: „Ich glaube, der Herr Oberst hätte nichts dagegen, wenn wir ihm bei unserem nächsten Ausflug einen Besuch abstatten." Und bei diesen Worten blickt sie den Herrn von Holm so herausfordernd an, dass er nur noch antworten kann, über ein derartiges Treffen ließe sich gewiss reden.

Dreimal wählt Caroline Tugendreich den Oberst im Laufe des Abends zum Tanzpartner, und als man sich verabschiedet, ist ein Besuch für den übernächsten Sonntag verabredet.

Schimmelmann ist von dem Vorhaben seiner Frau ganz und gar nicht begeistert. Er weiß, dass man bei Hofe und damit gleichzeitig in den besseren Kreisen der Stadt jene seit nunmehr 32 Jahren in der Burg lebende Person möglichst nicht einmal beim Namen nennt, geschweige denn, irgendeinen Kontakt anstrebt. In geschäftlicher Hinsicht wäre es daher äußerst unklug, sich auch nur in die Nähe der einst kurfürstlich-königlichen Mätresse Anna Constantina Reichsgräfin von Cosel zu begeben. Denn natürlich weiß Schimmelmann, dass seine Frau den Besuch beim Kommandanten von Stolpen allein deshalb mit solchem Eifer arrangiert hat, weil sie hofft, die prominente Gefangene zu sehen oder gar zu sprechen. Einen Augenblick hat er sogar daran gedacht, seiner Frau zu erklären, wie ungünstig der geplante Besuch für seinen Ruf und vor allem für sein Geschäft sei. Aber da er ahnt, welche Enttäuschung eine solche Absage verursachen würde, gibt er den Widerstand auf, noch ehe er ihn ernsthaft versucht hat.

* * *

Als die Kutsche kurz vor der vereinbarten Zeit den Schlagbaum erreicht, ist der Posten über den Besuch schon unterrichtet, ein zweiter Soldat klettert auf den Bock und übernimmt die Führung zur Burg. Am Tor wartet Oberst von Holm, begrüßt sehr galant Madame Schimmelmann und mit militärischem Gruß ihren Gatten, äußert sich erfreut über das Wiedersehen, ist offensichtlich darauf bedacht, seine Gäste unverzüglich und damit geschützt vor neugierigen Blicken in die Burg zu führen. In seinem Wohnraum, der zugleich als Büro dient, hat er an dem schweren Eichentisch mit Meißner Porzellan eindecken lassen. Zwei Diener servieren Gebratenes, das Ehepaar Schimmelmann bewundert gemeinsam die prächtige Aussicht vom Hochplateau. Man spricht über die Belastungen des jüngsten Krieges, äußert die Hoffnung, dass der gegenwärtige Friede anhalten möge, und in Schimmelmann wächst die Hoffnung, dass man nach einem weiteren, die vorzügliche Mahlzeit abschließenden Glas Wein wieder abreisen könne. Doch diese Hoffnung trügt. Der Gastgeber hat gerade noch einmal an die so angenehmen Jahre mit dem Herrn Vater in Küstrin erinnert, als das Gespräch für Sekunden stockt. Und mitten in diese Stille stellt Caroline Tugendreich Schimmelmann eine Frage, die ihren ansonsten nicht so leicht zu erschreckenden Gatten zusammenzucken lässt.

Sie hoffe nicht, einen zu ungebührlichen Wunsch zu äußern, aber nur durch wenige Mauern getrennt befinde sich in der Burg bekanntermaßen eine Person, die in ihrem früheren Leben viel gelitten habe. Ob es allzu große Mühe bereite, besagte Person einmal persönlich kennen zu lernen?

Oberst von Holm ist anzusehen, in welche Verlegenheit ihn diese Anfrage versetzt. Er zieht mehrfach an seiner erloschenen Pfeife, hebt auch noch einmal das schon leere Weinglas, schweigt einige sehr lang erscheinende Sekunden, räuspert sich und sagt schließlich, was eigentlich nicht gesagt werden musste: „Madame, Sie bringen mich in Verlegenheit, zusätzlich in beträchtliche Schwierigkeiten." Er will noch die Gründe für diese Verlegenheit und Schwierigkeiten nennen, da schaltet sich Schimmelmann mit der Bemerkung in das Gespräch ein, für die Bedenken des Herrn

Oberst habe er volles Verständnis, und es sei ohnehin erforderlich, die Rückreise anzutreten, da er noch dringend Briefe auf den Weg zu bringen habe.
Ein Jahr ist seit der Heirat vergangen, noch nie hatte es in dieser Zeit auch nur die geringste Missstimmung oder gar ein lautes Wort zwischen dem jungen Paar gegeben. Jetzt jedoch wirft ihm seine Frau einen Blick voller Zorn und Enttäuschung zu, sodass er erschrocken schweigt.
Der Oberst hat diesen stummen Dialog verfolgt, er füllt sein leeres Glas, trinkt es mit zwei Schlucken leer und sagt: „Madame, Ihr Herr Vater pflegte zu sagen: Ein Soldat muss es wagen, Regeln zu brechen.“ Nach diesen Worten steht er auf, nimmt aus der Schublade eines Tisches zwei große Schlüssel und schreitet voran.
Der Weg zum Johannesturm ist kurz, einem schmalen Gang folgen enge Treppen, dann schließt der Oberst eine mit starkem Eisen beschlagene Tür auf, klopft an eine leichte, unverschlossene Tür, woraufhin eine ältere Frau öffnet. Sie sagt nichts, sondern blickt nur fragend, und der Oberst sagt: „Es ist Besuch für die Gräfin.“ Man erwarte keinen Besuch, erwidert die Frau. Besuch aus der Holsteinischen Heimat, fügt der Oberst hinzu. „Ich werde die Gräfin fragen“, antwortet die Frau, geht in einen hinteren Raum und kommt mit der Antwort zurück: „Die Reichsgräfin von Cosel lässt bitten.“
Schimmelmann bemerkt verwundert, wie blass seine Frau vor Erregung geworden ist. Selbst er verspürt jenes Vibrieren der Magenwände, das sich ansonsten immer nur dann einzustellen pflegt, wenn er seine Unterschrift unter einen

Vertrag setzt, der sicheren und reichlichen Gewinn verspricht. Genauer noch als seine Frau kennt er bereits aus seinen Hamburger Jahren die Geschichte vom steilen Aufstieg und dem tiefen Fall der Anna Constantia von Brockdorff, die auf dem holsteinischen Gut Depenau eine wohlbehütete Kindheit genoss, ehe sie als Hoffräulein der Prinzessin von Holstein-Gottorf erst in dem Schloss an der Schlei und anschließend in der Residenz zu Wolfenbüttel Eingang in die große höfische Welt fand. Mit welchem Stolz verbreiteten die Eltern Anno 1703 die Nachricht, dass die geliebte Tochter vom sächsischen Minister für Finanzen, Adolf Magnus von Hoym, zur Ehefrau gewählt worden sei. Und wie groß war die Enttäuschung, als sich herausstellte, dass der Gatte nicht nur ein Rüpel und Wüterich, sondern zusätzlich ein Ehebrecher war und damit seinem Herrn, dem Kurfürst-König August, ähnelte, der sechs Liter Wein am Tag zu verbrauchen pflegte und auch im Liebesleben keine Mäßigung kannte.

Welche Frau widersteht schon dem Werben eines so mächtigen und starken Mannes. Auch Anna Constanta nicht. Keine andere Mätresse vor und nach ihr erreichte in kürzester Zeit so viel Einfluss. In Pillnitz schenkte ihr der Kurfürst-König ein ganzes Schloss, in Dresden ein prächtiges Palais, schmückte sie außerdem mit edlen Steinen und Titeln.

Eines Tages allerdings brachte ihr vermeintlicher Wohltäter aus Polen mit der dümmlichen Gräfin Maria Dönhoff eine neue Gespielin nach Dresden. Hätte die stolze und gescheite, mit 36 Jahren noch immer sehr attraktive Anna Constantia ihre Niederlage eingestanden, in der holsteinischen Heimat wäre sie willkommen gewesen. Aber sie pochte auf ihre vermeintlichen Rechte, zu denen die Erfüllung eines Ehevertrags gehörte. Diese Hartnäckigkeit brachte sie hinter die dicken Mauern der Festung Stolpen. Dort sollte sie vergessen werden.

* * *

Oberst von Holm spricht seine Gefangene mit „Gräfin“ an, stellt das Ehepaar Schimmelmann als „Freunde aus früheren Zeiten“ vor, sagt leise, er werde in einer halben Stunde zurückkehren, und verlässt den Raum. In der Ferne rastet ein Schloss ein.

Bei den Worten des Festungskommandanten hat die Gefangene nur kurz aufgeblickt und ihre Handarbeit fortgesetzt. Sie sitzt, in dunkle Tücher gehüllt, in einem Sessel aus geflochtenen Weiden vor einem kleinen Tisch. Im Raum gibt es nur wenige andere Möbelstücke. Eine Kommode, eine Truhe, die Wände sind kahl. Eine Tür führt in ein weiteres Zimmer. Die sehr schmalen Fenster lassen nur wenig Licht einfallen.

Schimmelmann erwartet, dass seine Frau das Gespräch beginnen würde, die aber blickt nur auf die Gefangene und schweigt. Er fühlt sich unwohl, überlegt angestrengt, was zu sagen wäre, und erschrickt, als eine sehr helle und sehr junge Stimme sagt: „Sie kommen aus meiner Heimat?“ Erst nach diesen Worten blickt die Gräfin von ihrer Handarbeit auf, und Schimmelmann sieht in ein altes, in früheren Jahren zweifellos sehr schönes Gesicht.

Ja, aus der Heimat, wenngleich nicht ganz, erwidert er, in Hamburg kenne er sich aus, sei im Holsteinischen geschäftlich gereist. Diese Auskunft scheint die Gräfin zu interessieren. Sie fragt nach der Art des Geschäfts, erweckt den Eindruck, sich auszukennen. Was ihn ins Sächsische verschlagen habe, will sie wissen, und wo genau er in Dresden wohne. Ob in der Kreuzgasse noch immer derart kräftig gebaut werde? Ob die Gartenanlage im Pillnauer Schloss gepflegt sei?

Schimmelmann antwortet ausführlich und wartet vergeblich darauf, dass die Gefangene über ihr Schicksal und das ihr zugefügte Unrecht klagen wird. Auch ist er versucht zu fragen, warum man ihr noch immer nicht die Freiheit gewährt habe, da doch der Urheber ihrer Gefangenschaft bereits vor 15 Jahren verstorben sei. Aber da die Gräfin selbst nicht darauf zu sprechen kommt, scheint ihm die Frage ungebührlich.

Seine Frau hat noch immer kein Wort gesagt. Sie blickt unverwandt auf die mit ihren 68 Jahren wie eine Hundertjährige wirkende Gräfin, als in der Ferne ein Schlüssel ins Schloss geschoben wird und der Oberst die Tür öffnet. Die Gefangene hat sich bereits wieder über den Stickrahmen gebeugt und sagt, ohne aufzublicken: „Überbringen Sie meiner Heimat Grüße."

Oberst von Holm bringt seine Gäste auf kürzestem Wege zum äußeren Tor, dankt nur knapp für den Besuch, trägt beste Empfehlungen für den Herrn Vater auf und wirkt sehr erleichtert, als die Kutsche sich endlich in Bewegung setzt. Festung und Ortschaft liegen schon einige Meilen hinter

ihnen, da sagt Schimmelmann: „Was für eine Vergeudung, eine einzige Gefangene in einem so gewaltigen Gefängnis." Seine Frau blickt ihn merkwürdig fremd an. Dann antwortet sie: „Was für eine tapfere und leidenschaftliche Person, möge sie noch lange standhaft bleiben." Schimmelmann empfindet diese Worte merkwürdig, versteht auch ihren Sinn nicht, sagt jedoch nichts.
Solange die Schimmelmanns noch in Dresden lebten, erhielt ihr Kutscher nie wieder den Auftrag, Stolpen als Ziel eines Ausflugs anzufahren.

Kapitel 4

BEIM KÖNIG

Anders als in Hamburg, das auf Handel und Gewerbe setzt und dessen Kaufleute das Politische als notwendiges Übel ansehen, will Dresden vorwiegend Residenz sein. Jedenfalls der Kurfürst will es. Der Rat der Stadt dagegen nicht unbedingt, und immer dann, wenn sich der Kurfürst wieder einmal in Polen aufhält, um dort für den Erhalt oder die Wiedergewinnung der abhanden gekommenen Königswürde zu kämpfen, versuchen die Stadtoberen ihren Willen durchzusetzen. Beim Bau einer Kirche etwa, oder beim Abriss alter Gebäude, die einem neuen Rathaus Platz machen sollen. Nein, man kann wirklich nicht sagen, dass der örtliche Herrscher beliebt ist, nicht August der Starke und nicht sein Sohn, die beide mit Rücksicht auf ihre polnischen Untertanen auch noch katholisch geworden sind, während in Sachsen der lutherische Glaube überwiegt.
Schimmelmann hält sich aus diesen religiösen Gegensätzen, so weit es geht, heraus. Seine Religion ist das Geschäftliche, und dafür braucht er das Wohlwollen beider Seiten. Allerdings ist schwerlich zu übersehen, dass er sich eher den Mächtigen verbunden fühlt. Denn sie vergeben gewinnbringende Aufträge. Dazu gehört das Eintreiben von Steuern. 1753 erwirbt Schimmelmann für die Gebühr von jährlich 8 800 Talern das Recht, eine Steuer auf den in Dresden

verbrauchten oder zum Weiterverkauf importierten Kaffee zu erheben. Das ist eine außerordentlich erfreuliche Einnahmequelle, und als Kaufmann hat Schimmelmann das Kalkulieren gelernt. Das Rechnen ist bei diesem Geschäft auch nicht allzu schwierig. Die an seine Auftraggeber abzuführenden 8 800 Taler sind schnell kassiert, und alles, was danach eingeht, bleibt in der eigenen Kasse zurück.

Wie man einen solchen von vielen anderen begehrten Auftrag erhält? Indem man sich beim heimlichen Herrscher, dem Grafen Brühl, mit einem Billett überschwänglich für die gnädig gewährte Teilnahme an dem Besuch der wahrlich königlichen Schatzkammer bedankt, indem man die Pacht nicht nur außerordentlich pünktlich, sondern auch um einige hundert Taler aufgewertet zahlt, indem man der ohnehin reichlich ausgestatteten Bibliothek des Grafen einige wertvolle Bücher zukommen lässt.

Über neue Einnahmen lassen sich diese Ausgaben schnell wieder gutmachen. Schon ein Jahr nach dem Erwerb der Akzise auf Kaffee gelingt Schimmelmann ein weiterer, sehr Erfolg versprechender Vertrag. Er wird Teilhaber am Unternehmen des äußerst geschäftstüchtigen Josef Graf Bolza, der das Recht besitzt, in ganz Sachsen die Steuern auf Kaffee, Tabak und Spirituosen einzutreiben. Dieses Engagement bringt gleich doppelten Gewinn. Zum einen in Form von reichlich einfließenden Talern, zum anderen aber auch durch nützliche Informationen.

Damit die Höhe der zu zahlenden Steuern ermittelt werden kann, sind die Kaufleute gezwungen, ihre Bücher zu öffnen, und daraus lässt sich erkennen, wo Waren günstig zu erwerben und wo mit welchem Gewinn wieder zu verkaufen sind. Dieses Wissen ist trefflich auch für das eigene Geschäft zu nutzen. Mit dem Ergebnis, dass sich die Gewinne des Steuerpächters Schimmelmann weiter erhöhen, während gleichzeitig sein öffentliches Ansehen in noch stärkerem Maße schrumpft.

Die Einladungen zu Maskenbällen und anderen Festlichkeiten werden seltener, der Rat der Stadt blickt kritischer auf neue Wünsche. Eine Zuckerraffinerie wolle der Herr Steuereintreiber in Dresden errichten? Den aus den Kolonien einreffenden Rohzucker wolle er zollfrei importieren und den gebrauchsfertigen Zucker auch noch vor fremden Produkten schützen lassen? Dem hohen Rat ist das zu viel des Guten, und er lehnt den Antrag ab. Schimmelmann wütet und hofft auf bessere Zeiten, nämlich auf Krieg. Geschlagene acht Jahre herrscht nun schon Friede. Sollte sein preußischer König die Lust am Krieg verloren haben und im Glanz von Sanssouci nur noch die Flöte spielen und sich zum Diskurs mit Philosophen treffen?

* * *

Schimmelmanns Befürchtungen, der Hausherr von Sanssouci könnte kriegsmüde geworden sein, sind vollständig unbegründet. Am 29. August 1756 rückt Friedrich mit 60 000 Soldaten in Sachsen ein. Die Überraschung gelingt, niemand hat mit dem Überfall gerechnet, schon gar nicht die sächsische Armeeführung. In Eile fliehen die Truppen auf das Hochplateau zwischen Pirna und Königstein. Am

9. September ziehen die preußischen Truppen mit ihrem König an der Spitze kampflos in Dresden ein. Der Preuße Schimmelmann mit dem Dresdner Bürgerrecht kann Landsleute begrüßen. Fast alles ist so wie 1745, als Friedrich bei der ersten Verteidigung seines frisch erbeuteten Schlesien schon einmal die Residenz des Kurfürst-Königs eingenommen hatte.

Wie elf Jahre vorher hat sich August wieder davon gemacht, in Begleitung der vorwiegend mit Schulden gefüllten Staatskasse. Dafür hat er die Königin zurückgelassen, die Friedrich artig besucht und selbst dann noch einigermaßen höflich bleibt, als eine Durchsuchung des Schlosses geheime Papiere zu Tage fördert, in denen die Sachsen und die Österreicher mit dem Wohlwollen von Russen und Franzosen vereinbaren, den Preußen Schlesien wieder abnehmen zu wollen. Gänzlich unköniglich hat die Königin auch noch versucht, versteckt in gut geräucherten Würsten, Botschaften aus der Stadt zu schmuggeln.

Der Kanzler Brühl ist zusammen mit dem kurfürstlichen Gefolge geflüchtet. Das war klug, denn auf ihn hätte sich Friedrichs Gnade nicht ausgewirkt, was sich daran erkennen lässt, dass er anordnet, die Brühlschen Besitzungen zu plündern. In ganz Sachsen regieren jetzt die Preußen, bis auf ein paar Inseln, darunter die Festung Königstein, in der der Kurfürst-König sich verschanzt hat, und das Plateau von Pirna, wo die sächsische Armee bereits hungert und auf Rettung durch die österreichischen Verbündeten wartet. Mitte Oktober rücken die Österreicher endlich heran, hätten eigentlich siegen können, verlieren aber dennoch einmal mehr gegen die kriegserfahrenen Preußen. Sehr hungrig und zusätzlich nass geregnet, ergeben sich daraufhin auch die sächsischen Soldaten, die in preußischen Uniformen gesteckt werden und weiter kämpfen müssen. Mit wenig Begeisterung. Die Offiziere haben mehr Glück. Sie müssen schwören, am Krieg nicht weiter teilzunehmen. Anschließend dürfen sie nach Hause gehen.

Und inmitten dieser Wirren sitzt zu Dresden der Kaufmann Schimmelmann und macht Geschäfte. Mit denen, die seine Dienste benötigen und die sie vor allem bezahlen können. Das sind die Besatzer. Im preußischen Kriegsdirektorium kennt man den tüchtigen, mittlerweile auch gereiften Kaufmann von früher. Er hat alle Vereinbarungen ordnungsgemäß abgewickelt, kennt sich aus im besetzten Gebiet, beschäftigt für das Eintreiben der Steuern drei Dutzend Mitarbeiter. Sie schwärmen aus, um in ganz Sachsen, sogar im Mecklenburgischen und in Hamburg zu erwerben, was das preußische Heer benötigt. Getreide beispielsweise, das die Bauern angesichts der kriegerischen Zeiten billig abgeben und das Schimmelmann mit sehr kräftigen Aufschlägen an die preußische Armee weiter verkauft.

Als tüchtig gilt ein Kaufmann, wenn er seinen Kunden den Eindruck zu vermitteln versteht, dass er mit dem gerade abgewickelten Geschäft bestenfalls einige kümmerliche Taler für die eigene Kasse übrig behalten hat. Und Schimmelmann ist in dieser Hinsicht derart tüchtig, dass ihn sein König zum Gespräch lädt.

Das Treffen findet im Brühlschen Palais am Elbufer statt, und bereits beim Betreten des prächtigen Gebäudes teilt ihm ein Adjutant mit, Majestät leide in diesen kühlen und regnerischen Novembertagen besonders stark unter seiner Gicht, er schreibe außerdem sehr intensiv an der Geschichte seiner bisher geführten Kriege. Das vorgesehene Gespräch müsse daher so knapp wie irgend möglich gehalten werden. Schimmelmann hatte gehört, dass der Preußenkönig wenig Wert auf sein Äußeres lege; dennoch überrascht ihn, wie nachlässig er gekleidet ist. Der Uniformrock ist nicht nur mit Schnupftabak befleckt, sondern dort, wo der Degen den Stoff abgewetzt hat, sogar mit einem aufgenähten Flicken versehen. Die Perücke sitzt schief auf dem schon greisenhaft wirkenden Kopf, unter dem Tisch stehen zwei ramponierte, Lehm verkrustete Stiefel, und erst als sie sich plötzlich bewegen, da erkennt Schimmelmann, dass sie nicht leer sind. Friedrich beginnt das Gespräch, ohne sich zu erheben und ohne seinen Gast förmlich zu begrüßen, spricht ihn auch nicht mit seinem Namen an. Stattdessen mustert er ihn stumm, und Schimmelmann hat das Gefühl, die schmale, krumme Gestalt mit den trüben grauen Augen blicke durch ihn hindurch in eine andere Welt. Des Königs Lippen bewegen sich kaum, als er mit heller Stimme sagt, er sei mit den bisher vollzogenen geschäftlichen Beziehungen durchaus zufrieden, so dass er eine Erweiterung für nutzbringend erachte. Er denke auch an eine neue Form der finanziellen Abwicklung. Ein Tauschgeschäft biete sich an, von dem beide Seiten erheblichen Profit erhoffen könnten. Die erforderlichen Einzelheiten würden die Herren des Kriegsdirektoriums vortragen, und er sei davon überzeugt, dass einer schnellen Einigung nichts im Wege stehe.

Daraufhin neigt der König leicht den Kopf, macht eine Handbewegung, die sich als Abschied deuten lässt, und im selben Augenblick öffnet sich die Flügeltür in Schimmelmanns Rücken. Mit einer tiefen Verbeugung und den Worten, er danke für das bezeugte Wohlwollen, verlässt er rückwärtsgehend den Raum. Er sieht noch, wie der König eine Schublade des Tisches aufzieht. Als ein Diener die Tür geschlossen hat, hört er Flötentöne, außerdem bellt dreimal ein Hund. Dabei hatte er im Zimmer des Königs gar keinen Hund gesehen.

Kapitel 5

WEISSES GOLD

Schon am Tag nach dem Treffen mit dem König melden sich zwei Gesandte, und Schimmelmann erfährt, was mit dem erwähnten Tauschgeschäft gemeint ist. Da der dritte Krieg innerhalb kurzer Zeit die preußische Staatskasse vollständig geleert hat, der Einkauf von Verpflegung für die Truppe aber fortgesetzt werden muss, soll mit Gold gezahlt werden. Mit weißem Gold. Bei dem ungehinderten Einmarsch in Sachsen ist mit Meißen auch die berühmte Porzellanmanufaktur erobert und der Inhalt der Magazine beschlagnahmt worden.

Und wie der Tausch aussehen solle, fragt Schimmelmann unsicher, denn er kennt sich zwar aus bei den Preisen für Kaffe, Zucker und Getreide, aber nicht mit dem Wert von Porzellan.

Man habe gar nicht so sehr an Naturalien gedacht, sondern eher an Geld, erklären daraufhin die Abgesandten, und einer nennt auch gleich eine Zahl: 120 000 Taler wünsche Majestät als Gegenleistung. Dafür würden dem Käufer alle Lagerbestände nicht nur der Meißener Fabrikation, sondern auch aus den Magazinen von Dresden und Leipzig zufallen. Was bleibt Schimmelmann anderes übrig, als dem merkwürdigen Tauschgeschäft zuzustimmen? Ein möglicher Verlust ließe sich gewiss auf anderen Wegen wieder ausglei-

chen, denn die Geschäfte mit dem preußischen Kriegsdirektorium laufen ohnehin gut und sollen weiter ausgebaut werden. Außerdem bietet der Verhandlungspartner noch eine wertvolle Zugabe, die Schimmelmann den Zuschlag sehr erleichtert. Es ist der Titel „Preußischer Geheimrat". Die erste Standeserhöhung für den inzwischen 32-Jährigen. Zwar ist die Familie Schimmelmann auf sieben Personen angewachsen, aber das erworbene Porzellan mit den gekreuzten Schwertern hätte für hundert Familien gereicht. Folglich wird ein Käufer gesucht und schnell gefunden.
Mittlerweile hat Schimmelmann an dem zerbrechlichen neuen Warensortiment sogar Gefallen gefunden und eine Partie von 110 Kisten als Geldanlage für sich reserviert. Tee- und Kaffeeservice befinden sich darunter, dazu Kaminaufsätze, Leuchter, Konfektschalen und Fruchtkörbe, Terrinen, Spazierstock-Knöpfe und Tierfiguren. Mancher Handel, der ins Stocken geraten ist, lässt sich wieder vorantreiben, wenn die einflussreiche Gattin des Verhandlungspartners mit einer Meißener Vase oder einem Vogel im Flug erfreut werden kann.
Geschäfte mit dem Feind sind es, die der Dresdner Bürger Schimmelmann betreibt, dazu zieht er auch noch Steuern ein. Für den Ruf ist diese doppelt unbeliebte Tätigkeit gar nicht gut. Es sei denn, hinter dem ungünstigen Schein verbergen sich edlere Motive. Mit etwas Mühe lassen sie sich entdecken, denn Schimmelmann hat nicht nur die Porzellanvorräte aufgekauft, sondern er darf gleichzeitig die berühmte Manufaktur leiten. Jedenfalls offiziell. In Wahrheit tut es das alte Direktorium. Trotz der Kriegswirren kann somit die Produktion

fortgesetzt, die Anlagen können vor der Zerstörung bewahrt werden. Kein Landesverräter ist somit der tüchtige Kaufmann Schimmelmann, sondern Retter der weißen Goldmine.

* * *

Eine Zeit lang empfindet Schimmelmann das Balancieren zwischen zwei Kronen durchaus als reizvoll. Doch er spürt auch das zunehmende Misstrauen, wenn es darum geht, neue Verträge auszuhandeln. Jeder Partner fürchtet, übervorteilt zu werden, zudem ist die von den Besatzern geknebelte und kontrollierte Verwaltung unsicher, was im Namen des geflohenen Kurfürst-Königs und seines Premierministers Brühl vereinbart werden darf. Auf 40 Millionen Taler belaufen sich mittlerweile die Schulden der landesherrlichen Finanzkammer. Die Bürger müssen somit weitere Steuerlasten befürchten. Noch schwerwiegender aber sind die beunruhigenden Meldungen von den Kämpfen in Böhmen und Schlesien. Bisher ist Dresden von Kriegshandlungen so gut wie verschont worden, jetzt kann man den Donner der Kanonen hören. Die Österreicher und die Russen bedrängen zunehmend die preußischen Truppen. Statt von Sieg zu Sieg zu eilen, gehen Gefechte verloren, erreichen Warenladungen mit verstümmelten Soldaten die Stadt. Von 10 000 oder gar mehr Toten wird berichtet.
Man müsse an Abschied denken, teilt Schimmelmann daher eines Abends, als die fünf Kinder zur Ruhe gebracht worden sind, reichlich unvermittelt seiner Frau mit. Was darunter zu verstehen sei, fragt sie, und ihre Augen füllen sich mit

Tränen. Caroline Tugendreich Schimmelmann liebt Dresden. Sie besucht beinahe jede Woche ihre Familie, nutzt jede Gelegenheit, um die Kunstschätze in der Residenz und im Zwinger zu bewundern, lässt keine wichtige Vorstellung im Theater am Taschenberg aus. Sie war sogar geladen, als der berühmte Maler Canaletto in sehr kleiner Runde einige Skizzen für sein allgemein gelobtes Ölgemälde vom Neustädter Markt gezeigt und erklärt hatte. Und all das sollte nun aufgegeben werden?

Schimmelmann liest die Gedanken der Gattin, und ihr Kummer schmerzt ihn. So hart und roh er oft im Geschäftlichen auftritt, gegenüber seiner Frau bleibt er einfühlsam, bemüht sich, alle ihre Wünsche zu erfüllen.

Diesmal jedoch ist er unnachgiebig. Dresden, sogar ganz Sachsen seien für Geschäfte nicht mehr geeignet, begründet er seinen Beschluss zur Abreise. Es drohe zusätzlich Gefahr für Leib und Leben. Besonders an das Wohlergehen der Kinder müsse gedacht werden. Als seine Frau daraufhin zu schluchzen beginnt, steht er mit der Entschuldigung auf, er müsse noch dringend Geschäftliches erledigen. Im Kontor zündet er sich eine Zigarre an und blättert in nicht sehr aktuellen Zeitungen.

Die Abreise soll nicht überstürzt stattfinden und keineswegs als Flucht gedeutet werden. Über das Ziel des Umzugs hat Schimmelmann keine Minute nachdenken müssen. Mit Hamburg verbinden ihn zwar nicht die allerbesten Erinnerungen, aber seit dem Scheitern seiner ersten Geschäfte sind mehr als zehn Jahre vergangen, er hat die damals begangenen Fehler mit völliger Unerfahrenheit erklärt, die

Verbindungen zu früheren Partnern aufrecht erhalten und zum Vorteil beider Seiten erweitert.
Ein Geheimnis lässt sich aus dem geplanten Abschied allerdings nicht machen, denn schon vor Monaten haben aufmerksame Zuträger der preußischen Besatzer berichtet, dass der Kaufmann und Steuereintreiber und neuerdings sogar Geheime Rat auf dem Wasserwege schwere Kisten nach Hamburg spediert habe. Aus Magdeburg kommt die Anfrage, ob es überhaupt rechtens sei, dass ein preußischer Heereslieferant seinen Gewinn nach Hamburg und damit ins Ausland transferieren dürfe.
Verboten ist das zwar nicht, dem preußischen Feldkriegsdirektorium missfällt die sich andeutende Untreue dennoch, und man schickt dem gerade noch in höchster königlicher Gunst stehenden Geschäftspartner wegen einer angeblich nicht rechtzeitig getätigten Zahlung eine kränkende Mahnung. Die wiederum ruft bei dem Getadelten einen seiner allseits gefürchteten Zornesausbrüche hervor, und er beschwert sich höheren Orts über die respektlose Behandlung, lässt in dem Schreiben geschickt die Frage einfließen, ob etwa untergeordnete Dienststellen Zweifel an Abmachungen erheben würden, die er persönlich mit dem König vereinbart habe.
Natürlich hat niemand solche Zweifel.
Der Ärger erleichtert und beschleunigt den Umzug. Mächtige Stapel weiterer Kisten werden verladen. Schimmelmann steht stundenlang an der Landungsbrücke, um darauf zu achten, dass die zerbrechliche Porzellan-Fracht mit allergrößter Vorsicht an Bord getragen wird.

Einen Monat nach Abfahrt der Schiffe macht sich ein Tross von Planwagen auf die zweiwöchige Reise nach Hamburg. Denn es zieht nicht nur eine große Familie mit ihren Bediensteten um, sondern ein ganzes Unternehmen mit einem Warenlager und mit Beschäftigten. Zwar wollen nicht alle bisherigen Mitarbeiter ihre berufliche Zukunft in die ungewisse Fremde verlagern, aber der immer näher rückende Krieg verbreitet Unsicherheit und Angst in der Stadt. Hinzu kommt, dass Schimmelmann nicht nur ein erfolgreicher Kaufmann, sondern auch ein gerechter, ja, in Maßen sogar großzügiger Patron ist, der Leistung honoriert. Da er sich außerdem nur ungern an neue Gesichter in seinem Umkreis gewöhnen kann, hat er allen, die ihm ans äußerste Ende der Elbe folgen wollen, eine bemerkenswert hohe Prämie zugesagt, die von mehr als der Hälfte seiner bisherigen Handelskommissare in Anspruch genommen wird.

* * *

Obgleich es einige Missklänge gab, bedauern in Dresden viele den Abzug der Schimmelmanns, denn die Geschäfte des Kaufmanns brachten Profit für etliche Gewerbetreibende. In Hamburg dagegen sind Wetter und Empfang gleich kühl. Gegen einen Neubürger, der Geld in die Stadt bringt, hat der Senat nichts einzuwenden. Doch ist der geschäftlich so eng mit den ungeliebten Preußen verbundene Herr Schimmelmann wirklich nur gekommen, um seinen Wohlstand zu vermehren?

Es ist zudem kein Geheimnis, dass er mit dem König in persönlichem Kontakt steht. Vielleicht ist er viel mehr als ein Heereslieferant? Der Titel „Geheimer Rat“ erlaubt allerlei Vermutungen, ja Befürchtungen. Ist es nicht außerordentlich seltsam, dass der listenreiche Friedrich einen derart bedeutenden Untertanen mit seinem gesamten Besitz von dannen ziehen lässt? Und bestehe nicht auch Gefahr, dass der Neuankömmling mit seinem Reichtum die alteingesessenen Hamburger Handelsgeschäfte in Unordnung bringt? Vielleicht sogar gänzlich ruiniert?
Mit äußerster Sorgfalt und noch mehr Misstrauen prüft der Hamburger Senat jedenfalls den Antrag Schimmelmanns auf Erteilung des Bürgerrechts, das er in Dresden so mühelos erlangt hatte.
Nein, wer derart schnell und dazu in so jungen Jahren einen derartigen Reichtum angehäuft hat, passt nicht in die ehrwürdige Familie der Hamburger Kaufmannschaft. Der Antrag auf Bürgerrecht wird abgelehnt, das minderwertigere Fremdenrecht muss vorerst reichen. Ein Konto auf den eigenen Namen bleibt somit vorerst ausgeschlossen, ebenso der Erwerb von Grundbesitz.
Als ob sich ein Schimmelmann durch Hindernisse dieser Art den Weg verbauen ließe. Wie es sich für einen weitsichtigen Kaufmann gehört, hatte er das Risiko durchaus eingeplant und einen zuverlässigen Mitarbeiter als Bürger etablieren lassen. Auf dessen Namen kauft er für 15 000 Taler in der Mühlenstraße in würdiger Umgebung gleich neben dem Michel einen Wohnsitz. Das Palais des Grafen Brühl, dort wo jenes merkwürdige Treffen mit seinem König statt-

fand, hatte Schimmelmann sehr gefallen. Ähnlich großzügig hätte er gern seine neue Hamburger Residenz ausgestattet. Aber obwohl er das als Gottorper Palais bekannte Gebäude verbreitert und verlängert und eine prächtige Auffahrt anfügt, erreicht er wegen der Bestimmungen der Hamburger Bauregeln das Dresdner Vorbild nicht.

Trotz dieser Einschränkungen muss der Eindruck entstehen, nicht ein Kaufmann, sondern ein Fürst habe sich im Herzen der Stadt niedergelassen. Und noch herrschaftlicher als das Äußere des Palais ist die Ausstattung im Inneren. Die Hausherrin hat viel Geschmack bei der Auswahl der seidenen Tapeten und der englischen Möbel bewiesen. Das glänzende Parkett der Fußböden besteht selbst noch im Kontor aus edlen Hölzern, alle Räume enthalten Vitrinen mit dekorativen Stücken aus Porzellan, es gibt sogar eine, wenngleich kleine, Bibliothek mit Fabeln von Gotthold Ephraim Lessing, Friedrich Gottlieb Klopstocks Messias-Gesängen und den Reiseberichten des Adam Olearius. In diese kleine Bücherstube pflegt sich die Hausherrin zurückzuziehen, wenn der Gatte nach der Abendmahlzeit noch einmal ins Kontor geht und erst kurz vor Mitternacht stets sehr ermattet seine Arbeit beendet.

Caroline Tugendreich Schimmelmann vermisst Dresden sehr. Dort in Sachsen kannte sie Menschen, in Hamburg ist sie fremd, fühlt sich einsam. Sie verlässt selten das Haus. Wohin hätte sie auch gehen sollen? Die Stadt ist riesengroß, selbst der in Dresden so gemütlich dahin fließende Elbfluss ist breit wie ein Meer, der Hafen Furcht erregend in seiner Geschäftigkeit. In die meisten Teile der Stadt begibt man sich besser nicht. Die Straßen sind eng und schmutzig, die Häuser ärmlich, es stinkt nach Menschen und Tieren.

Der Kaufmann Schimmelmann aber bereut den Umzug keinen Tag. Unter seinesgleichen, die er an der Börse oder in den Kontoren trifft, ist er allerdings nicht beliebt, was ihn jedoch nicht stört; denn die Geschäfte laufen prächtig, die Einnahmen übersteigen selbst die günstigsten Erwartungen.

Hamburg ist neben Kopenhagen der bedeutendste Seehafen in Nordeuropa, ein Knotenpunkt des Fernhandels. Anders als in Dresden wird nicht nur mit groben Gütern wie Getreide und Zuckerrohr gehandelt, sondern mit raffinierten Waren, die hohe Gewinnspannen enthalten. Die mächtigen Lagerhäuser gleichen Schatzkammern. Zwar nicht gefüllt mit Gemälden und goldenen Pokalen wie in der sächsischen Residenz, dafür aber mit Ebenholz, Seide, Gewürzen, Weinen, Elefantenzähnen.

Wie sich unerhörte Gewinne erzielen lassen, erfährt Schimmelmann schon beim Verkauf der aus Dresden in 110 Kisten mitgebrachten weißen Goldvorräte. Kleine Hinweise in den über Deutschland hinaus beachteten „Hamburgischen Correspondenten“ locken Scharen wohlhabender Bürger und adliger Gutsbesitzer in die Börse, wo zwei renommierte Makler das Porzellan im Auftrag von Schimmelmann anbieten. Die Nachricht von der großen Nachfrage und den entsprechenden Gewinnen erreicht sogar den preußischen König. Man habe wohl leider den Geschäftssinn des Herrn Schimmelmann unterschätzt, lässt er gegenüber seinen Adjutanten missbilligend wissen und fragt bei seinem abgewanderten Untertan gleichzeitig an, ob er bei Gewährung günstiger Bedingungen bereit wäre, in Berlin oder einer anderen Stadt nach dem Meißener Vorbild eine Porzellan-Manufaktur zu eröffnen.

Schimmelmann fühlt sich äußerst geschmeichelt, schätzt die Risiken jedoch höher als die Gewinnmöglichkeiten ein und erteilt dem König eine Absage. Vorsichtig und unterwürfig zwar, denn er will die nach wie vor ausgedehnten geschäftlichen Beziehungen natürlich nicht gefährden, aber gleichzeitig doch eindeutig und unerschrocken: „Die Treue und tiefste Devotion gegen Ew. Königliche Majestät geheiligte Person sind die einzigen und wahren Ursachen, weshalb ich mich zu keiner Zeit in ein Unternehmen wagen werde, von dessen nachteiligem Erfolg ich im Voraus überzeugt bin und womit ich vor Ew. Königliche Majestät erlauchtesten Augen nicht bestehen würde."

Schimmelmann liebt diesen gestelzten Stil nicht sonderlich, hätte viel lieber so deutlich geschrieben, wie er oft spricht und damit in den Ruf geraten ist, wenig taktvoll und wenig diplomatisch aufzutreten. Aber zumindest in seinen Briefen hält er sich an die Konvention.

Kapitel 6

EINE GELDQUELLE

Sind es vielleicht sogar todbringende Güter aus Schimmelmanns Magazinen, die im Juli 1760 auf Dresden niedergehen? Hat der gewiefte Kaufmann neben Getreide und Tuchen vielleicht auch Kanonenkugeln und Brandbomben geliefert? Bei seinem vorangegangenen Besuchen hatte Friedrich die sächsische Residenz noch mit einiger Milde behandelt, doch der Kurfürst-König möchte sich nicht aus der Umarmung mit Österreich und dessen Verbündeten lösen. Zudem waren die an Siege gewöhnten Preußen wiederholt verlustreich zum Rückzug gezwungen worden. Aber würde es der doch so kunstsinnige, mit Philosophen verkehrende Friedrich wagen, die Schätze Dresdens zu beschädigen?
Aus der sicheren Ferne erfährt Schimmelmann, was sich in jenen Sommertagen im Elb-Florenz zugetragen hat, und als er seiner Frau davon berichtet, füllen sich ihre Augen wieder mit Tränen. 14 000 Mann, vor allem Österreicher, aber auch Truppen des deutschen Reiches haben sich in der Stadt verschanzt. Der Kommandant verweigert die Übergabe, woraufhin die preußische Artillerie mit der Beschießung beginnt. Die Hälfte aller Gebäude der Altstadt geht in Flammen auf. Palais brennen und Kirchen, ein Wunder ist es, dass die Kuppel der Frauenkirche den hundert Pfund schweren Geschossen standhält. Der Kurfürst-König

Friedrich August II. sitzt derweil im sicheren Warschau und empfiehlt von dort seinen sächsischen Untertanen, tapfer zu bleiben.

Auf welcher Seite steht Schimmelmann? In Dresden waren die Geschäfte recht zufrieden stellend, gleichzeitig jedoch ein wenig mühsam gelaufen. Der Kurfürst-König hatte ihn nicht ein einziges Mal empfangen, sein Kanzler Graf Brühl auch nur kühle Distanz gezeigt. In den besseren Kreisen hatte er sich als Außenseiter gefühlt. Nur seiner Frau zuliebe hatte er an Maskenbällen und anderen Festlichkeiten teilgenommen.

Welch ein Jammer, die prächtigen Gebäude zerstört, vielleicht sogar die Schätze in der Residenz, dem Gewölbe und im Zwinger, so hört er die Gattin klagen. Das alles lasse sich umgehend reparieren, sagt er nur und denkt zusätzlich an den schönen Gewinn, der sich beim Wiederaufbau erzielen ließe und an dem er leider nicht teilhaben kann.

Also steht er auf Seiten seines Geschäftspartners Friedrich, der Dresden zwar in Brand schießen, aber schließlich doch nicht einnehmen konnte?

Schimmelmann denkt an die Szene im Brühlschen Palais, wo der König durch ihn hindurch geblickt hatte und wo er rückwärts, dazu mit viel zu tiefer Verbeugung zur Tür geschritten war. Er hört auch noch die Töne der Flöte und das Bellen des Hundes, den er nicht gesehen hat. Schon mehrmals hat er von diesem Treffen geträumt. Einmal tanzten die Stiefel im Raum zu Flötenklängen, die aus der Schublade des Tisches kamen. Ein anderes Mal titulierte ihn der König als Majestät, bot ihm Friedensverhandlungen an.

Die abfällige Behandlung durch den König, aber auch sein eigenes Verhalten ärgern ihn. Das Geschäft mit dem Porzellan tröstet ihn jedoch. Die 110 Kisten sind geleert, fast der gesamte Inhalt ist verkauft. Bis nach England hat sich der Handel erstreckt, und die Einnahmen übertreffen bei weitem die bezahlten 120 000 Taler. Außerdem hat er einige der prächtigsten Stücke für den eigenen Hausstand behalten. Friedrichs Zuträger berichten dem König nach wie vor, welchen Nutzen der Kaufmann Schimmelmann aus dem Meißener weißen Gold ziehe. Und sie melden auch von einer äußerst ertragreichen neuen Einnahmequelle, die Schimmelmann erschlossen hat. Er handelt nun direkt mit Geld. Als nicht sonderlich ehrenwertes Geschäft gilt dies, liegt es doch so gut wie ausschließlich in jüdischen Händen. Warum eigentlich, fragte sich Schimmelmann. Warum sollte er nicht für den preußischen König Münzen prägen, wenn er doch für den polnisch-sächsischen Herrscher gewinnbringend Steuern eingetrieben hatte.

Bedauerlicherweise hat Friedrich jedoch schon alle Münzprägeanstalten verpachtet, und Neulinge sind in diesem einträglichen Geschäft schon deshalb nicht erwünscht, weil es schmutzige Hände verursacht, auch im übertragenen Sinne und man möglichst wenige Mitwisser dabei haben will. Denn je länger der nun schon seit 1756 gegen die Österreicher und ihre Verbündeten geführte Krieg dauert, desto mehr Geld wird für die Bezahlung der Soldaten und der Heereslieferanten benötigt. Und ähnlich wie man eine Suppe verwässert, wenn unerwartet viele hungrige Gäste hinzukommen, muss auch das Metall der Münzen gestreckt werden. Immer weniger Gold und Silber enthalten sie, dafür ständig mehr billiges Kupfer. Und was dem preußischen König Recht ist, das ist anderen deutschen Fürsten billig. Auch sie lassen schlechte Münzen prägen. Und Schimmelmann sorgt für die Verteilung des entwerteten Geldes, gleichzeitig für die Anlieferung der immer noch benötigten edlen Metalle. Er tut es nicht persönlich, denn das fehlende Bürgerrecht verbietet gewisse Geschäfte. Seine Vertreter geben ihren Namen, und Schimmelmann unterschreibt Kontrakte mit „Lehmann", und manchmal, wenn er zur späten Stunde schon ermüdet ist, zeichnet er ein Schriftstück mit dem eigenen Namen, erkennt bei der Überprüfung am nächsten Morgen den Irrtum, streicht das Richtige sorgfältig durch und ersetzt es durch das Falsche. Der Prokurist erkennt die schlechte Verbesserung, wagt aber keine Einwände, denn er weiß, dass der Patron Widerworte nicht schätzt.

Die falschen Namen können nicht verbergen, wer in Wirklichkeit das Münzgeschäft betreibt. „Ein echter Schimmelmann" heißt es verächtlich, wenn ein Hamburger Kaufmann ein minderwertiges Zwölfgroschenstück mit dem Brustbild des ungeliebten Preußenkönigs unter seinen guten Münzen entdeckt und umgehend an einen auswärtigen Händler weiterreicht.

Der so Geschmähte reagiert mit Gleichmut, ist er doch gewohnt, von seinen Standesgenossen beneidet und gemieden zu werden. Die Empörung über den sich betont fürstlich gebenden Neubürger ohne Bürgerrecht geht allerdings nicht so weit, dass man Einladungen in das Palais neben dem nach Blitzschlag wieder aufgebauten „Michel“ grundsätzlich ablehnt. Schließlich geht es nicht um Sympathie, sondern ums Geschäft, und am äußerst wohlhabenden Herrn Schimmelmann führt mancher Weg einfach nicht vorbei. Außerdem ist da noch die reizende Hausherrin, die gebildet zu plaudern versteht und sich damit wohltuend vom stets etwas zu lauten Gatten unterscheidet.

Sehr ausgelassen gehe es im Schimmelmannschen Hamburger Palais zu, melden die allgegenwärtigen Zuträger dem Kurfürst-König August im sicheren Warschau. Es werde reichlich gegessen und getrunken, vorwiegend preußenfreundliche Gäste seien geladen. Ein heimlicher Blick auf Schimmelmanns Konten habe die beachtliche Summe von mehr als eine Million Taler ergeben, und der ohnehin so Begüterte nehme jede Gelegenheit wahr, seinen reichlich vorhandenen Wohlstand weiter zu vergrößern. Und die Zuträger haben Recht.

Schimmelmann dreht am großen Rad und heraus kommt klingende Münze. Bisher hat er für die Produktion der Geldstücke nur Gold, Silber und Kupfer geliefert und für die Verteilung der mangelhaften Ware gesorgt. Dieser eingeschränkte Verdienst bereitet ihm seit langem Verdruss. Er möchte selbst Münzen prägen. Aber wo? Eine Lösung kommt schließlich aus Plön. Dort residiert der Herzog Friedrich Carl in einem Schloss, das größer ist als seine Macht. Die neigt sich zudem ihrem Ende zu, denn der dänische König hat ihn nur unter der Bedingung als Herzog anerkannt, dass nach seinem Tode die plönischen Lande an Dänemark fallen.

Aber 1760 ist Friedrich Carl immerhin noch Landesherr und darf somit Münzen prägen, ein Recht, das er bisher nicht in Anspruch nimmt. Warum eigentlich nicht, fragt Schimmelmann an und gibt auch gleich die Antwort. Er könne sich der Sache annehmen, schließlich verfüge er über reichliche Erfahrung. Wie stets bei etwas heiklen Geschäften hält er sich im Hintergrund, lässt seine Agenten für sich tätig werden.

In Plön wäre eine Münzprägestätte allzu sehr aufgefallen, der Herzog besitzt jedoch in Rethwisch bei Oldesloe ein weiteres Schloss. Das bietet sich als Prägestätte vorzüglich an. Um Platz zu schaffen, müssen allerdings zwei Flügel des Schlosses einschließlich der Kapelle abgerissen werden. Anschließend kann mit dem Schmelzen und dem Prägen begonnen werden. Natürlich sollen es wieder die gewinnbringenden, also die minderwertigen Münzen werden.

Schimmelmann zieht die Fäden und streicht prächtige Gewinne ein. Zumindest äußerlich hat alles seine Ordnung. Wieso ergeben sich plötzlich Schwierigkeiten? Der dänische Hof in Gestalt des mächtigen Außenministers Graf Bernstorff meldet Bedenken an. Die schlechten Münzen würden dem Ansehen seines Königs schaden. Wie gewohnt kommt erst Schimmelmanns Zornesausbruch, dann der Gegenangriff. Noch sei der Herzog Herr in seinen Landen, brauche sich nicht von seinen Erben gängeln zu lassen. Vor allem der Fürstbischof von Lübeck lasse in Eutin doch ebenfalls Münzen prägen. Warum solle in Rethwisch verboten sein, was in Eutin erlaubt sei?

Schon gut, schon gut, heißt es daraufhin besänftigend aus Kopenhagen, und auf dem Schlosshof zu Rethwisch wird der Schmelzofen angeheizt.
Und dies ist, jedenfalls zunächst, eine kluge Entscheidung, die im Zusammenhang mit einem Regierungswechsel im russischen Reich zu verstehen ist. In Moskau hat der Gottorfer Prinz Karl Peter Ulrich als Peter III. 1762 den Zarenthron bestiegen. Als glühender Verehrer des für ihn schon jetzt „Großen" Friedrich beendet er den Krieg gegen die Preußen und mobilisiert stattdessen gegen Dänemark. Sein Ziel ist es, die einst seiner Gottorfer Familie geraubten Besitzungen im Holsteinischen zurückzuerobern.
Krieg kostet Geld, und wenn er überraschend kommt, kann auch nicht angespart werden.
Hat der neue dänische Untertan Schimmelmann in Rethwisch nicht gerade eine Prägestätte eingerichtet, fragen der Kopenhagener Finanzminister und sein Kollege aus der Kriegsabteilung. Äußerst günstig sollen die Münzen zu beziehen sein. Zwar lasse deren Qualität sehr zu wünschen übrig, doch die Soldaten werden es vielleicht nicht merken.

Kapitel 7

DER SCHLOSSHERR

Gerüchte laufen um, in denen es heißt, der so fürstlich auftretende Neubürger Schimmelmann sei höchstwahrscheinlich der reichste Mann der Stadt. Andere Hamburger Kaufleute, die davon hören, lächeln nur viel sagend, ziehen mit ihren schwarz lackierten Spazierstöcken lange Zahlenreihen in den sandigen Boden vor der Börse, betrachten sie mit offenkundigem Wohlgefallen und löschen sie wieder aus. Über Kontostände spricht ein ordentlicher Hamburger Kaufmann nicht.

Das Geld fließt Schimmelmann von allen Seiten zu. Es bleibt ihm jedoch nicht verborgen, dass sich dadurch lediglich sein Wohlstand, nicht aber sein Ansehen erhöht. Titel wünscht er sich, doch ihre Beschaffung erweist sich als mühsam. Sächsischer Gesandter wäre er für den Anfang gern geworden, aber der Dresdner Hof besitzt nur mäßiges Vertrauen in seinen abgewanderten Bürger, dem man außerdem verübelt, den preußischen Feind zu beliefern. Außerdem hat man wegen des noch immer herrschenden Kriegszustands ganz andere Sorgen als lange über die Vergabe von Titeln zu entscheiden.

Aber ist ein Schloss nicht ebenso viel wert wie ein Titel? Oder gar mehr? Schloss Ahrensburg nebst den drei Dörfern Woldenhorn, Bünningstedt und Ahrensfelde, dazu Äcker von 3000 Hektar befinden sich seit sieben Generationen im Besitz der mit Titeln reich versehenen Familie von Rantzau. Graf Christian jedoch, der letzte Besitzer, findet mehr Gefallen an Feldzügen im Dienste des englischen Königs als am Landleben. Mit 140000 Talern ist Ahrensburg verschuldet. Schimmelmann legt 180000 Taler auf den Tisch des Hauses, und im Januar 1759 wird der Besitzerwechsel besiegelt. Wie es Sitte ist, gießt der Verkäufer das Feuer im Küchenherd aus, und der Käufer entzündet es von neuem. Anschließend schwören die 319 leibeigenen Bediensteten dem neuen Herrn ihre Treue. Als am 13. Mai der Wechsel im Besitz von Schloss und Untertanen unter Pauken und Trompetenschall auch kirchlich abgesegnet wird, spricht Pastor Eicke gar vom Einzug „eines neuen Heilands".

Bequemer lebt es sich zunächst zwar noch im fürstlichen Hamburger Palais, aber in der alten Hansestadt nennt ihn keiner Heiland, dort gibt es nur stolze Bürger und keine Untertanen, die ihrem Herrn Treue schwören. Das neue Schloss ist zwar viel zu groß und viel zu feucht und kalt und bröckelt an allen Türmen, die mit erworbenen Dörfer sind verfallen und die Bewohner ungebildet. Doch glücklicherweise ist der neue Eigentümer wohlhabender als der ehemalige. Schimmelmann lässt abreißen und neu bauen. Nicht nur Wände, auch ganze Dörfer. Das Schloss erhält eine prächtige Gartenanlage mit Lauben, Plastiken, Wasserläufen und Fontänen, so dass der Anschein erweckt wird, hier lebe ein echter Fürst und nicht nur ein reicher Kaufmann und preußischer Geheimrat. Die Schlossbrücke bewachen zwei Furcht einflößende Löwen aus Sandstein. Künstler reisen an, um mit ihren Bildern die Räumlichkeiten zu schmücken, sogar ein Sanssouci-Zimmer entsteht. Mit Spiegeln, die eigentlich für das echte Sanssouci bestimmt waren. War der Geschmack des Hausherrn gerade noch französisch ausgerichtet, wechselt er alsbald ins Englische, und teure Möbelstücke von der Insel treffen im Hamburger Hafen ein. Doch damit nicht genug. Neben dem eigenen Wohl fördert Schimmelmann auch das der zugekauften Untertanen. In der berechtigten Hoffnung, dass die Auswirkungen dieses Wohlwollens wieder an der Quelle landen. Sägemühlen lässt er bauen und Brauhäuser und Brennereien für die Produktion von Branntwein, sogar Baumwollspinnereien entstehen. Bald kann Pastor Eicke vermelden, dass der neue Heiland in Ahrensburg ein „irdisches Paradies" geschaffen habe.

Solche Vergleiche gefallen Schimmelmann durchaus. Wie angenehm es ist, nicht mehr, wie in Dresden und in Hamburg, voller Misstrauen beobachtet, sondern verehrt zu werden. Sein einziges Vergnügen sei Ahrensburg, schreibt er seinem Sekretär und ermahnt ihn, den neu erworbenen Besitz so zu behandeln, als wäre es sein eigener.

Erst 35 Jahre ist Schimmelmann alt, hat aus dem Elternhaus in Demmin wenig Bildung, aber viel Sinn fürs Geschäftliche mitgebracht. Nun ist er in der Fremde ein reicher Mann und hat nur ein Ziel: Den Reichtum zu mehren und nicht nur in Ahrensburg Hochachtung zu erlangen. Es ist jetzt an der Zeit, größer zu denken, so weit wie möglich über Hamburg und Ahrensburg hinaus. Und mochten sich die stolzen Hanseaten mit ihren fast schon frei gewählten Bürgermeistern und Senatoren und Bürgerschaften auch wie ein eigenständiger Staat fühlen, noch sind sie von Kopenhagen abhängig. Dort hält der König Holstein und Schleswig, Hamburg und selbst ganz Norwegen am Zügel.

* * *

Kopenhagen ist das Zentrum der Macht. Dorthin zieht es Schimmelmann. Und er kommt nicht als zögernder und vorsichtiger Geschäftsmann, der sorgfältig prüfen will, ob ein neues, Erfolg versprechendes Terrain erschlossen werden könnte. Ein Fürst mit Entourage scheint anzureisen. Die gesamte Familie hat er mitgebracht, sechs Kinder mittlerweile, dazu eine beträchtliche Dienerschar. Mehrere Kutschen und zusätzliche Gepäckwagen rollen durch die Stadttore und erregen Aufsehen. Bereits Tage vorher waren reitende Boten angekommen und hatten überprüft, ob die bestellten Wohnstätten ordnungsgemäß hergerichtet seien. Dass ein bedeutender Gast eingetroffen ist, lässt sich am Ziel der Kutschen erkennen. Sie rollen über die Bredgade, fast bis zum Schloss Amalienborg und halten vor dem Berkenthinschen Palais mit dem ausladenden Vorhof, der zur Straße durch ein kunstvoll geschmiedetes Gitterwerk abgeschirmt ist. Ganz offensichtlich richtet sich die angereiste Gesellschaft auf einen längeren Aufenthalt ein. Ein neuer Gesandter sei wohl eingetroffen, meinen einige Beobachtet am Straßenrand.
Schimmelmann gefällt die Aufmerksamkeit, obwohl er von der Stadt auf den ersten Blick enttäuscht ist. Die hohen Schanzwälle vermitteln eine bedrückende Enge. In den Straßen drängen sich Menschen und Tiere, der Gestank

dringt bis in die Kutschen, die sich nur mühsam einen Weg durch die Massen und durch den Schlamm bahnen können. Schimmelmann erinnert sich an die hier häufig wütende Pest und schließt vorsorglich die Vorhänge an den Fenstern seiner Kutsche und öffnet sie erst wieder beim Erreichen der neu angelegten Friedrichstadt. Hier präsentiert sich Kopenhagen mit breiten Straßen, Grünanlagen und protzigen Palais der Minister, Oberfeldmarschalle und Rentenkammerpräsidenten als Mittelpunkt einer zwei Millionen Einwohner zählenden Großmacht.
Nur mit der bescheidenden Würde eines preußischen Geheimrats hätte Schimmelmann keinen Zugang zur Hofgesellschaft erreicht. Wenn er dennoch nebst Gattin Caroline Tugendreich mit Einladungen zu Diners, Maskenbällen und Konzerten überschüttet und mit allergrößter Aufmerksamkeit bedacht wird, so allein deshalb, weil er in dem Ruf steht, dass sich alles, was er in die Hand nimmt, umgehend in pures Gold verwandelt. Allein in dem gegenwärtigen, noch nicht einmal beendeten Krieg habe der Hamburger Kaufmann Schimmelmann anderthalb Millionen gewonnen, schreibt der spätere Außenminister A. P. Bernstorff seinem Vater, von seinem immensen Vermögen mache er „sehr guten Gebrauch“, und er sei außerdem „ein Mann voller Feuer und Ideen“.
Mehrere Wochen bleibt die Familie Schimmelmann in Kopenhagen, was auch darauf zurückzuführen ist, dass die Verhandlungen über seine Beziehungen zum dänischen Hof mehr Zeit als erwartet benötigen. Nur Kammerherr soll er werden? Mit einem lächerlichen Salär von jährlich

6000 Talern? Schon lässt er, für die allgegenwärtigen Zuträger unübersehbar, einige Koffer packen. Umgehend erfolgen daraufhin neue Verhandlungen mit einem verbesserten Angebot. Nicht das Gehalt ist für Schimmelmann entscheidend, sondern allein der Titel. Und da keiner vorhanden ist, der seinen Wünschen entspricht, muss er neu geschaffen werden. Das Ergebnis ist ein „Königlich Dänischer Generalkommerzintendant". Hinzu kommt das Versprechen einer weiteren Beförderung, nämlich die Nachfolge des dänischen Gesandten in Hamburg mit dem höchste Ehrfurcht einflößenden Titel „Königlich dänischer Minister im Niedersächsischen Kreis des Heiligen Römischen Reiches Deutscher Nation".
Und worin besteht die Gegenleistung? Doch gewiss nicht nur im Repräsentieren im Hamburger Rathaus und an der Börse, dem gesellschaftlichen Mittelpunkt der Stadt. Zudem gibt es leider noch den alten Gesandten, der gar nicht daran denkt, freiwillig Platz zu machen für den wenig geschätzten Emporkömmling.
Schimmelmanns Gegenleistung besteht natürlich in Geld. Obgleich Dänemark im großen Siebenjährigen Krieg seine Neutralität bewahrt hat, ist die Staatskasse wieder einmal ziemlich leer. Und was dem König fehlt, davon besitzt der Untertan aus Hamburg reichlich. Eine Million Taler bewilligt Schimmelmann seinem Herrscher als Kredit mit günstigem Zinssatz.
Damit nicht der Eindruck entstünde, seine Finanzen seien nach den großzügigen Zahlungen an den dänischen König erschöpft, kauft er das bisher nur gemietete Berkenthinsche Palais in der vornehmen Kopenhagener Bredgade. Ein

Mann, der noch Karriere machen werde, so flüstert man ehrfurchtsvoll bei Hofe.
Doch als der Schimmelmannsche Tross nach ermüdender Rückreise das Hamburger Stadttor erreicht, tritt die Wache wieder nicht heraus, um zu präsentieren, wie es bei hochgestellten Persönlichkeiten vorgeschrieben ist. Die Nachricht von der Standeserhebung des noch immer Nicht-Bürgers verbreitet sich erst Tage später und ruft erhebliches Aufsehen hervor.

* * *

Diesmal hat der Zuträger sogar einen bekannten Namen, und es ist außerdem seine Pflicht, brisante Neuigkeiten nach Berlin zu übermitteln. Der geheime preußische Rat Schimmelmann, dazu überaus erfolgreicher Heereslieferant habe sich in dänische Dienste begeben, meldet der preußische Gesandte, Legationsrat von Borcke, aus Kopenhagen nach Berlin, vergisst allerdings hinzuzufügen, dass er es war, der den Besucher aus Hamburg bei Hofe eingeführt hatte.
Man könnte vermuten, ein König und oberster Feldherr habe mitten in einem Krieg, den er außerdem zu verlieren droht, ganz andere Sorgen, als sich um die Rückgewinnung eines abtrünnig gewordenen Heereslieferanten zu bemühen. Stattdessen schickt Friedrich wie ein Verliebter gleich mehrere Werbebriefe nach Hamburg. Der sehr geschätzte Herr Schimmelmann möge doch bitte nicht undankbar sein, schließlich habe doch er, der preußische König, „den Grund zu Eurer Fortune gelegt".

Friedrich hätte wissen können, dass seine Bemühungen wenig Aussicht auf Erfolg haben, denn Schimmelmann bindet sich immer stärker an Dänemark. Der dortige Friedrich V. erkennt viel besser als sein preußischer Namens- und echter Vetter Friedrich II., wie man den sehr reichen Kaufmann und vor allem sein Geld gewinnen kann. Durch Erhöhung, durch Titel.

Anfang 1762, als sich der neue russische Zar Peter III. gerade anschickt, dem dänischen Gesamtstaat den Krieg zu erklären, erwirbt Schimmelmann vom Oberhofmarschall Adam Gottlob Moltke das bei Aalborg gelegene riesige Schloss Lindenborg nebst 14 dazu gehörende Kirchspiele und 8 500 Hektar Land. Viel wichtiger als der neue Besitz, den er vor dem Kauf nicht einmal besichtigt hat, ist ihm die damit verbundene Standeserhöhung.

Aus dem pommerschen Kaufmannssohn ist nun Baron von Schimmelmann geworden. Achtspännig fährt er fortan, von einem halben Dutzend livrierter Diener begleitet, zwischen seinem Schloss in Ahrensburg und dem Palais in Hamburg. Jetzt endlich salutiert die Torwache, als gelte es, einen Senator oder gar den Bürgermeister zu begrüßen.

Sehr gefragt sind plötzlich auch die Billetts für die Diners im „Gottorper Palais". Hatten in früheren Jahren vorwiegend preußisch gesonnene Personen von nicht allzu hohem Rang die Einladungen angenommen, so kommen nun neben gut situierten Kaufleuten auch Diplomaten, darunter Kammerherren und Reichsgrafen. Ist zu einer Festlichkeit von besonderer Bedeutung geladen, etwa dem Geburtstag des Königs, legt der Hausherr das frisch erworbene, höchst

dekorative Großkreuz des Danebrog-Ordens mit dem dazu gehörenden breiten Schulterband an. Mit der weißen Perücke und in der mit Goldfäden bestickten blauen Samtjacke wirkt er wie ein echter Fürst.
Ist es ein Fest, zu dem Musikanten aufspielen, meidet Schimmelmann den Tanzsaal, zieht sich sogleich nach dem Diner ins Raucherzimmer zurück, und kaum hat er seine Zigarre angezündet, sind die Sessel in seiner Umgebung besetzt.
Das Diplomatische ist seine Sache allerdings nicht, und seine Plaudereien rufen selbst bei höflichen Gästen nur mühsam verborgenes Unbehagen hervor: Man müsse nicht nur die Nachteile des drohenden Krieges sehen, Krieg biete doch gerade im Geschäftlichen auch allerlei Vorteile. Wie ärgerlich, dass der Preis für den Rohrzucker schon wieder ansteige. Mit seiner Dienerschaft habe er vorwiegend gute Erfahrungen gemacht. Die Leibeigenen müssten mindestens noch für hundert Jahre an die Scholle gebunden werden. Der Handel mit Westindien sei jedem Kaufmann dringend zu empfehlen.
Schlägt die auf dem Kaminsims stehende Uhr zur Mitternacht, beendet der Gastgeber das Gespräch beinahe unhöflich abrupt, drückt die Zigarre aus und erhebt sich. Für die Dienerschaft ist es das Zeichen, die ersten Kerzen zu löschen, und nur wenige Minuten später haben alle Gäste ihre vor dem Palais wartenden Kutschen bestiegen.
Nachdem Ruhe eingekehrt ist, hätte die Hausherrin gerne noch mit dem Gatten über die in den Gesprächen erfahrenen Neuigkeiten gesprochen, aber wie fast jeden Abend

gibt er ihr nur einen flüchtigen Kuss auf die Wange, wünscht plötzlich merklich ermüdet eine gute Nacht und zieht sich in das eigene Schlafzimmer zurück.

* * *

Wandsbek hat einen schlechten Ruf. Bankrotteure aus dem nahen Hamburg finden hier ungestraft Zuflucht. Gegen klingende Münze erhalten junge Paare auch ohne Zustimmung der Eltern den kirchlichen Ehesegen. Zahlreiche Glücksspielorte gelten als Brutstätten von Sittenlosigkeit. Zudem sind im Jahr gleich zwei Jahrmärkte erlaubt. Die Gutsherren hätten für Ordnung sorgen können. Aber die Ahlefelds kümmerten sich nicht, hatten genug damit zu tun, ihre Gläubiger abzuwehren und wollten schließlich verkaufen. Der Hamburger Senat zeigte Interesse. Nein, die Hamburger sollten nicht noch mehr Einfluss erhalten, entschied der dänische König und kaufte selbst. Die neuen königlichen Pächter waren allerdings nicht besser als die alten.
Jetzt kann nur noch einer helfen: Schimmelmann. Im Sommer 1762 legt er 110 000 Taler auf des Königs Tisch, und obwohl auch das drei Jahre zuvor erworbene Schloss Ahrensburg noch eine große Baustelle ist, werden ganze Heerscharen von Handwerkern verpflichtet, die abreißen und neu bauen. Das alte Schloss, das eher eine Wasserburg ist, entspricht nicht den Bedürfnissen des fürstlich auftretenden Besitzers.
Carl Gottlieb Horn, vom Maurerpolier zum Hausarchitekten aufgestiegen, erhält den Auftrag, den Altbau abzutra-

gen und durch etwas Prächtiges zu ersetzen. Nur der Turm soll stehen bleiben. Zur Erinnerung an einen berühmten Bewohner. Der Astronom Tycho Brahe hatte hier Anno 1598 für einige Monate Zuflucht gefunden, mit seinen mächtigen Instrumenten Mond und Sterne beobachtet und die Ergebnisse in dem ersten in Wandsbek gedruckten Buch festgehalten.

Vierzig Zimmer zählt das neue Schloss, alle sind außerordentlich reich ausgestattet. Hinzu kommen Prunksäle mit prächtigen Wandgemälden, seidenen Tapeten und Parkettfußboden aus edlen Hölzern. 40 000 Taler werden für den Umbau benötigt. Wie schon in Ahrensburg, wird ein Schlosspark angelegt. Mit Teichen und Wasserspielen, Skulpturen, Badehäusern und künstlich aufgeschütteten Hügeln.

Bald kommen die Hamburger nicht mehr nach Wandsbek, um sich in sündiger Umgebung zu amüsieren, sondern sie spazieren durch die Gartenanlagen und staunen darüber, was aus dem einstigen Sündenpfuhl geworden ist. Der noch vor kurzem heruntergekommene Ort ist aufgeblüht. Handschuhmacher haben sich hier niedergelassen, Pfeifenfabrikanten, Kerzengießer, dazu gleich fünf Kattunfabriken, in denen sogar in Übersee gefragtes Leinen und Baumwolltuch mit bunten Mustern bedruckt wird. Negertuch heißt es auch, weil große Mengen nach Afrika exportiert werden. Eine kleine Sünde ist allerdings noch zurückgeblieben: Die Ziehung der königlich-dänischen Staatslotterie, die zwischen den Städten Kopenhagen, Altona und Wandsbek wechselt. Begleitet von Pauken und Trompeten zieht an diesen Festtagen ein bunt gekleideter Knabe mit verbundenen

Augen die Gewinnnummer aus dem Glücksrad. Zwei Prozent des eingenommenen Geldes bleiben in Wandsbek und werden für die Versorgung der Armen verwendet.
Alles ein Werk des Herrn Schimmelmann, flüstern ehrfurchtsvoll selbst die in Kutschen angereisten Spaziergänger, und wenn der hohe Herr vierspännig und stets in Eile aus dem schmiedeeisernen Hofportal mit den vergoldeten Spitzen auf die nach Hamburg führende Chaussee einbiegt, dann beugen die Damen im angedeuteten Hofknicks das Knie und die Herren lüften leicht den Zylinder. Schimmelmann grüßt mit erhobener Hand in der Art zurück, wie er es am Kopenhagener Schloss beim Passieren des Königs gesehen hat.

* * *

Zwar ohne eine genauer festgelegte Aufgabe, aber gleich durch mehrere Ehrfurcht einflößende Titel und zusätzlich durch seine Kopenhagener und jütländischen Besitzungen ist Schimmelmann nun mit der dänischen Krone verbunden. Er ist aber auch noch preußischer Geheimer Rat. Friedrichs Zuträger schicken ständig neue Neid erregende Nachrichten über den unaufhaltsam wachsenden Reichtum des abtrünnigen Untertanen. Bisher sind jedoch alle Versuche gescheitert, die absterbende Partnerschaft mit dem überaus tüchtigen Kaufmann wieder zu beleben. Und dennoch unternimmt der König einen neuen Versuch.
Der sich dem Ende nähernde, zwar insgesamt siegreiche, aber zugleich auch verlustreiche Krieg hat die preußische

Staatskasse gründlich geleert, was Friedrich allerdings mit dem Millionen Taler verschlingenden Bau des neuen Palais im Potsdamer Park von Sanssouci zu verbergen sucht. Gleich aus doppeltem Grund sind somit unverzüglich zusätzliche Einnahmen erforderlich. Nur Schimmelmann könnte dafür sorgen, beschied der König.

Einmal mehr muss daher der in Kopenhagen den preußischen Hof repräsentierende geheime Legationsrat von Borcke tätig werden. Schriftlich fragt er an, ob der Herr Baron nicht doch geneigt sein könnte, einen Teil seiner so erfolgreichen Aktivitäten nach Preußen zu verlagern? Und wenn nicht er persönlich dazu in der Lage wäre, möglicherweise könnte er sich von einem seiner Söhne vertreten lassen? Schimmelmann fühlt sich durch dieses Werben von allerhöchster Stelle geschmeichelt, zugleich aber auch beunruhigt. Er muss dem König absagen, darf jedoch nicht alle Brücken abbrechen. Denn Preußen ist mächtig, aus der Beseitigung der Kriegsschäden könnten sich Geschäfte ergeben, die ähnlich ertragreich ausfallen würden wie die während des Krieges getätigten Lieferungen.

Ein sorgfältig überlegter Brief ist daher nach Berlin zu senden. Am Beginn mit einem schmeichelnden Glückwunsch für den zu Hubertusburg geschlossenen „glorreichen Frieden“, der allerdings nur beglaubigt hat, dass die vorangegangenen sieben Kriegsjahre sinnlosen Schaden angerichtet haben. Der Huldigung folgt die Entschuldigung für die hastige Verlegung des Wohnsitzes von Dresden nach Hamburg. Angesichts des drohenden Krieges sei es erforderlich gewesen, sein Vermögen in Sicherheit zu bringen. Dazu Frau und Kinder und sich selbst.

Und leider, leider habe sich aus diesem Umzug auch eine feste Bindung an den Herrscher in Kopenhagen ergeben, so dass es nochmals leider, leider nicht möglich sei, „unter Eurer Majestät glorwürdigsten Zepter wohnen zu können". Ähnliches gelte für den ältesten Sohn Ernst. Der ist zu diesem Zeitpunkt zwar erst 16 Jahre alt, doch ihm ist bereits das noch vom Vater bekleidete Amt des Ober-Steuer-Direktors versprochen worden.

Es gibt aber glücklicherweise noch drei weitere Söhne, und von denen will Schimmelmann dem König einen oder zwei „unter-thänigst presentieren".

Diese Zusage klingt dem preußischen Hof ein wenig unverbindlich, der in Kopenhagen so eifrig tätige geheime Legationsrat Baron von Borcke erhält daher die Order, für eine sichere Vereinbarung zu sorgen. Und so geschieht es. Schriftlich und feierlich verspricht der Baron von Schimmelmann, dass er seine Söhne Carl Maximilian und Traugott dem preußischen König für den Einsatz im Militär- oder Zivildienst zur Verfügung stellen werde.

Werden auch die beiden Söhne gefragt, ob sie mit diesem Handel einverstanden sind? Sie müssen davon nicht wissen. Sieben Jahre alt ist der eine, elf der Bruder Maximilian, dem der Vertrag zum Todesurteil wird, denn er ertrinkt neun Jahre später beim Baden in der Saale, und als Ersatz verspricht der Vater die Entsendung seines jüngsten Sohnes Christian.

Ob er mit Getreide handelt oder mit Söhnen, das Geschäft muss im Gleichgewicht bleiben, zumal dann, wenn der Partner ein König ist.

Zwei Söhne hat er so gut wie geliefert, und statt einer Gegenleistung erreichen ihn nun weitere Forderungen des Preußenkönigs. Es wäre doch für beide Seiten nützlich, wenn er seinen Söhnen in der Fremde eine würdige Heimstatt zukommen ließe. In Pommern stünden dafür stattliche Güter zur Verfügung, so lässt Friedrich listig anfragen.
Und erneut muss die Ablehnung sorgfältig verkleidet werden. Die schon erworbenen großen Güter im Holsteinischen und in Jütland verlangten die ganze Aufmerksamkeit, im fernen Pommern wolle er sich nicht binden. Nur ein kleines Palais für 26 000 Taler in Berlin möchte er noch zugestehen.
Nun aber ist der König endgültig zur Gegenleistung verpflichtet. Schimmelmanns Bruder Jacob lebt als einfacher Prediger in der Uckermark. Am Geld mangelt es ihm nicht, denn der Herr Baron überweist regelmäßig eine „Pension". Es fehlt jedoch ein Titel, verbunden mit einer Standeserhöhung.
Ob Majestät nicht helfen könne? Die versprochenen Söhne sind aufgrund ihres geringen Alters zwar noch nicht eingetroffen, dennoch erledigt Friedrich mit Handschreiben vom 16. Mai 1765 seinen Teil des Geschäfts und befördert den Prediger zum Konsistorialrat mit Sitz in Stettin, wo er sich nebenberuflich auch noch als Reeder und Kaufmann betätigt. Allerdings mit deutlich weniger Erfolg, als es dem berühmten Bruder vergönnt war.

* * *

Normalerweise liefert der Bote den „Hamburgischen unparteiischen Correspondenten“ im Kontor ab. Trifft er am Portal einen Hausdiener, bittet er ihn, die Zeitung an den vorgeschriebenen Platz zu bringen. Auf dem Weg in die Geschäftsräume legt der Bedienstete die Blätter im Vestibül auf einer Kommode ab und vergisst die weitere Beförderung. Im Vorbeigehen entdeckt die Hausherrin die Zeitung, überfliegt die Berichte auf der ersten Seite, blättert gleichgültig zur Rückseite, und dort fällt ihr Blick auf eine knappe Notiz: Zu Stolpen in Sachsen starb im gesegneten Alter von beinahe 85 Jahren Anna Constantia, Reichsgräfin zu Cosel.

Caroline Tugendreich Schimmelmann trägt die Zeitung in ihr Privatgemach und liest die Zeilen noch mehrere Male. Immer dann, wenn sie an Dresden denkt, und das tut sie oft, wenn sie allein in einem der prachtvoll eingerichteten Räume des Palais sitzt, sieht sie die traurige alte Frau im Turm der Festung vor sich. Als sich unter ihren Gästen einmal ein Kaufmann aus Dresden befand, hatte sie ihn nach dem Schicksal der Gräfin gefragt, aber keinerlei Auskunft erhalten. Zufällig hatte ihr Gatte das Gespräch gehört und anschließend gewohnt freundlich gesagt, es sei unschicklich, derartige Fragen zu stellen.

Jetzt aber ist sie entschlossen, mehr zu erfahren. Gleich nach dem Mittagsmahl, als ihr Gatte ins Kontor zurückgekehrt ist, begibt sie sich ans Schreibpult, um vorzeitig den Brief zu schreiben, in dem sie jeden Monat ihrer in Dresden lebenden Cousine Alltäglichkeiten aus Hamburg berichtet. Diesmal schließt sie mit der Bitte, die Cousine möge den Versuch unternehmen, den hoffentlich noch lebenden

Oberst von Holm, einst Kommandant der Festung Stolpen, zu kontaktieren. Von ihm würde sie gerne Näheres über die letzten Jahre der berühmten Gefangenen erfahren.
Die Hausherrin hatte nicht mit einer derart gründlichen und schnellen Antwort gerechnet. Schon drei Wochen nach Abgang des Schreibens erhält sie einen Brief aus Dresden. Der Absender ist Oberst von Holm. Wie er berichtet, lebe er schon seit zehn Jahren als Pensionär, erfreue sich allerbester Gesundheit, stehe mit seinem Nachfolger als Festungskommandant auf allerbestem Fuß und fühle sich geehrt, von der Gattin des mittlerweile zu höchstem Ansehen gelangten Herrn Baron um eine Gefälligkeit gebeten zu werden.
Auf mehreren eng beschriebenen Seiten schildert Oberst von Holm anschließend in größter Ausführlichkeit, was sich auf der Burg in jüngster Zeit zugetragen hat.
Als 1763 Friedrich August II. starb, war zu vermuten gewesen, dass sein Sohn die über 80-jährige Gräfin begnadigen würde. Doch schon nach 74 Tagen raffte ihn ein Schlaganfall dahin, und der nächste Herrscher, Friedrich August III., wollte die so ungebührlich lange überlebende Sünde seines lebensfrohen Urgroßvaters hinter den Mauern von Stolpen begraben lassen. Selbst ihr eigener Sohn, immerhin im Range eines Generals, konnte eine Befreiung der Mutter nicht durchsetzen. Vielleicht wollte sie die grauen Mauern der mittlerweile nur noch mäßig bewachten und beinahe aufgegebenen Festung gar nicht mehr verlassen. Deprimiert saß sie von morgens bis zum Einbruch der Dunkelheit in dem karg möblierten Wohnraum, in dem sich auch ihre Schlafstätte befand. Hatte sie in früheren Jahren auf Deutsch und

Französisch Bücher über Geschichte und Naturwissenschaften gelesen, so war zum Schluss die Bibel ihre einzige Lektüre. Manchmal lud sie mitleidig der Festungskommandant zu einem Essen ein. Sehr selten kamen ihr Sohn, der General, und seine Frau zu Besuch.
Am 31. März 1765 tat sie friedlich ihren letzten Atemzug. 84 Jahre, fünf Monate und 13 Tage alt. Die Bestattung fand am 4. April auf der Burg statt. Eine Zinntafel auf dem Sarg nennt nüchtern Herkunft und Lebensdaten. Aber es fehlt jeder Hinweis auf den Grund ihrer 49 Jahre währenden Kerkerzeit.
Wie schon die Todesnachricht, liest Caroline Tugendreich Schimmelmann auch den Brief des Oberst von Holm dreimal, dann tupft sie mit seidenem Spitzentuch über ihre Augen, legt das Schreiben behutsam ins Kaminfeuer und schaut zu, wie es verbrennt.

* * *

Der Hohe Hamburger Senat ist empört. Die Bürgerschaft ist ebenfalls empört, die Kaufleute an der Börse sind ganz besonders empört. Eine Million Reichstaler, wie unerhört. Man könnte die geforderte Summe zwar ziemlich mühelos aufbringen, doch welche Schande. Und es geht auch ums Prinzip.
Der dänische Gesamtstaat steht am Rande des Bankrotts. Die Neutralität im siebenjährigen Krieg hat die desolate finanzielle Lage nicht verbessert, Schimmelmanns Kredit auch nicht. Am Kopenhagener Hof regiert dennoch die Verschwendung, Hand in Hand mit der Intrige.

Nur einer weiß, wie man Geld beschafft. Schimmelmanns Vorschlag lautet: Jeder Bewohner des Königreichs soll einen Taler Kopfgeld zahlen. Für die Reichen bedeutet die Sondersteuer wenig, für die Armen viel.
Die Städte müssen zusätzlich zahlen. Ihnen wird eine Zwangsanleihe auferlegt. Die Höhe richtet sich nach der Größe, und Hamburg soll eine Million beisteuern.
Man gehöre doch eigentlich gar nicht mehr zum Königreich. Oder fast nicht mehr. Ob es für diese Ansicht Dokumente gebe? Verträge? Nein, leider nicht, aber ist die Gewohnheit nicht das beste Recht? Doch Gewohnheit hin, Gewohnheit her. Es muss gezahlt werden. Genauso wie Rendsburg oder Kiel zu zahlen haben.
Welche Schande dieser Vergleich. Nein, wir zahlen nicht, bescheiden Bürgerschaft und Senat und Kaufleute und alle anderen auch. Ein Ultimatum verstreicht, das nächste auch, dann schickt der König einen General mit Truppen, ausgerechnet den zwielichtigen Saint-Germain. Auch die Hamburger müssen Soldaten mobilisieren. Allerdings nicht zur Gegenwehr, sondern um das Gottorper Palais vor aufgebrachten Bürgern zu schützen, das jedoch nur von der Dienerschaft bewohnt wird, weil der Urheber des Streits sich mit der Familie wohlweislich davongemacht hat.
Da der General lange keinen Schießbefehl gegeben hat und die Soldaten gerne einmal wieder geschossen hätten, droht Blutvergießen. Um das zu vermeiden, gibt der Hamburger Senat nach und zahlt, zumal der Empfänger gute Zinsen verspricht.

Als Jahre später die Million ohnehin verschmerzt ist, machen die geschäftstüchtigen Hamburger aus der Erpressung doch noch einen wertvollen Tausch. Sie verzichten auf Rückzahlung und erhalten als Gegenleistung die Unabhängigkeit. Diesmal mit Vertrag und Siegel, und ausgehandelt wird alles im Schimmelmannschen Palais in der Mühlenstraße.

Kapitel 8

DIE PLANTAGEN

Noch ist Schimmelmann kein Baron, noch lebt die Familie in Dresden, als 1755 der dänische König in der Karibik drei Inseln erwirbt: St. Thomas, St. John, Saint Croix. Sie sind heiß, malariaverseucht, und das Beste an ihnen ist der Name: Jungferninseln. Der König hatte die nur 360 Quadratkilometer messenden Eilande von der „Westindischen Kompanie" gekauft, deren Kaufleute sich mit den Plantagen Gewinne versprochen hatten, die viel zu mühsam zu erwirtschaften waren. Nun sollen es private Pächter besser machen. Und Schimmelmann ist an dem Vorhaben interessiert. Er weiß, wie es auf einer Plantage im fernen karibischen Meer zugeht. Denn der König hatte zwei Kolonialfachleute entsandt, und sie erstellten ein Gutachten, das nichts beschönigte. Nur Sklaven konnten die schwere Arbeit verrichten. Die benötigten Flächen waren mit Wald bedeckt und mussten abgeholzt und in den steinigen Boden Löcher für die Triebe des Zuckerrohrs geschlagen werden. Alle zwölf Monate konnte das Rohr geerntet und zur Mühle gefahren werden. Der dort entstandene Rohzucker wurde nach Dänemark transportiert und zu Weißzucker veredelt. Ein Nebenprodukt war Rum. Aus seinem Verkauf konnten die laufenden Kosten der Plantage beglichen werden. Der Zuckerverkauf brachte den Gewinn.

Für die beiden Plantagen auf St. Croix empfahlen die Experten dem König Investitionen von 84 200 Reichstalern, sagten schon für das Jahr 1764 einen Gewinn von 57 400 Talern voraus und rieten dringend, auf keinen Fall an die in Kopenhagen bereits antichambrierenden Bewerber zu verkaufen.

Verkauft wird dennoch, und der neue Besitzer heißt Schimmelmann. Am 22. März 1763 ergeht eine königliche Resolution, die verkündet, dass dem Herrn „Generalintendant des Commerces", dem Baron von Schimmelmann, vier Plantagen in Westindien, dazu die Rohzuckerraffinerie nebst Packhaus in Kopenhagen verkauft werden. Inklusive aller Tiere und aller Sklaven.

Der Kaufpreis soll 400 000 Reichstaler betragen, zahlbar in acht Jahresraten zu jeweils 50 000 Taler. Für das in der Raffinerie benötigte Betriebsmaterial wie die Steinkohle müssen keine Steuern gezahlt werden, und die Angestellten werden vom Militärdienst befreit.

Geht bei dem Geschäft alles mit rechten Dingen zu? Sind der Preis und die Privilegien angemessen? Natürlich nicht.

Alle Achtung, alle Achtung, sagen die Hamburger Kaufleute, als sie von der neuen Investition des nur mäßig geschätzten Mitbürgers hören, und zeigen mit ihren lackierten Spazierstöcken vielsagend zum Himmel. Am königlichen Hof tuscheln einmal mehr die Neider.

Nur 11 000 Taler Reinertrag pro Jahr brachten die Plantagen der Staatskasse, vier Jahre nachdem Schimmelmann sie erworben hat, sind es fast 55 000. Wenn man berücksichtigt, dass zum reinen Kaufpreis noch Investitionen von 100 000

Talern vor allem für den Ankauf neuer Sklaven hinzugekommen sind, ergibt sich eine Rendite von knapp elf Prozent. Das Geschäft hat sich also wieder einmal gelohnt.
Schimmelmann hat etwas gekauft, was er nicht gesehen hat und was er nie sehen würde. Nun kommt es darauf an, die richtigen Männer für die Verwaltung des fernen Besitzes zu finden. Einige müssen an Ort und Stelle eingesetzt werden, andere ihm sachkundig im heimatlichen Kontor zur Seite stehen. Besondere Zuverlässigkeit ist notwendig, eine Bindung, die mehr ist als eine Anstellung. Daher nimmt er Teilhaber in sein neues Unternehmen auf, nicht, weil er deren Geld braucht, sondern ihre Treue. Der Oberjägermeister Gram ist darunter, mit einer Beteiligung von einem Prozent, der für seinen Einsatz vier Prozent Zinsen erhält. Der Justizrat Clasen beteiligt sich mit 2000 Talern, hält die Abmachung in einem langen und genauen Vertrag fest, mit dem er sich zusätzlich verpflichtet, in juristischen Fragen mit Rat und Tat bereit zu stehen.
Von allergrößter Wichtigkeit ist der oberste Verwalter aller Plantagen. Mehrere Männer waren an dieser Aufgabe schon gescheitert, nicht zuletzt, weil das mörderische Klima sie dahingerafft hat. Andere waren der Versuchung erlegen und hatten in die eigene Tasche gewirtschaftet. So etwas betrachtet Schimmelmann als Todsünde, die er niemandem verzeiht.
Seine Wahl fällt schließlich auf den eigenen Neffen Ludwig Heinrich, den Sohn seines Bruders, für dessen Aufstieg vom einfachen Prediger zum Konsistorialrat er einst beim preußischen König gesorgt hatte.

Der Neffe ist erst 23 Jahre alt, hat mehrere Jahre lang in den Schimmelmannschen Kontoren gelernt, was ein guter Kaufmann wissen sollte. Sorgfalt und Gründlichkeit gelten im Unternehmen als vorrangig, und wie sie gehandhabt werden, zeigt der Vertrag, den der Baron Schimmelmann über die Seepassage seines Neffen mit dem Reeder der „Maria Dorothea“ abschließt. 80 Taler sind für die Überfahrt vereinbart, jeweils 60 Taler für den mitreisenden Chirurgen und einen Buchhalter. Zwei Knechte werden mit 40 Talern und zwei Schwarze mit 30 Talern veranschlagt. Die drei Passagiere der gehobenen Klasse sollen „aufs Beste bewirtschaftet“ werden, nämlich mit „gutem, frischen und gesalzenem Essen, daneben Wein, Kaffee, Thee und Bier“. Für die im Zwischendeck reisenden „Knechte und Neeger“ wird „verantwortliches Essen und Trinken“ gefordert, und allen zusammen soll „ihrem Caractere gemäß höflich und ordentlich begegnet werden“.
Als vorsichtiger und misstrauischer Kaufmann zahlt Schimmelmann zunächst nur die Hälfte des vereinbarten Preises, die andere Hälfte wird bei der Rückkehr des Schiffes fällig, und auch nur gegen Vorlage eines Schreibens, in dem der Neffe bescheinigt, dass auf der Reise alle vertraglich vereinbarten Bedingungen erfüllt worden sind.
Ob Ludwig Heinrich, der Neffe, wirklich geglaubt hat, der Onkel in der Ferne erlaubt für die Inseln im karibischen Meer auch nur eine Spur weniger Ordnung als in der Kopenhagener und Hamburger Kanzlei? Oder hofft er, die jedes Jahr zur Revision nach Europa geschickten westindischen Papiere würden mit wenig Aufmerksamkeit überprüft? Vier

Jahre lang hat er seine Aufgaben zur Zufriedenheit des Onkels und seiner Teilhaber erfüllt, die abgesandten Tabellen, Rechnungen und Quittungen sind unbeanstandet geblieben. Hat ihn das leichtsinnig werden lassen?
Unter dem Datum vom 2. Juli 1770 erreicht den Neffen Schimmelmann ein Brief, der in jeder Zeile verrät, dass er vom Onkel im Zorn geschrieben worden ist. Statt dem Namen Schimmelmann Ehre zu machen, habe er eine unerhörte Rechnungsführung betrieben, mit hundert Fehlern, und bei der Versammlung der Teilhaber habe er, der Baron von Schimmelmann, sich schämen müssen. Daher habe er sich entschlossen, „lieber etwas weniger Einkünfte als Unordnung zu haben", und deshalb werde er einen Buchhalter und einen Schreiber schicken, die genaue Anweisungen mitbringen würden, wie auf den Plantagen die Bücher zu führen seien. Noch besitze er „völlig meine Freundschaft und Liebe", lässt Schimmelmann den Neffen wissen, rät ihm jedoch gleichzeitig dringend, sich zu bemühen, das Wohlwollen zu erhalten.
Es sollte nicht der letzte Ärger mit dem Personal in den fernen Besitzungen sein.

* * *

Jeden Tag bringt ein Bote eine große Tasche voller Briefe ins Kontor. Schimmelmann beantwortet sie alle. Die Schreiben aus den Plantagen liest er besonders genau, da er weiß, dass seine ständige Abwesenheit Nachlässigkeit und Missbrauch fördert. Nur allzu gerne hätte er seine fernen Besitzungen

einmal persönlich kennen gelernt, doch an eine Reise ist nicht zu denken. Fast ein halbes Jahr hätte sie in Anspruch genommen, und die Gefahr für Leib und Leben ist groß. Vor allem aber verbieten seine verzweigten Geschäfte und die umfangreiche Bautätigkeit jede längere Abwesenheit. Zwar ist sein Prokurist Johann Gottlob Gondolatzsch, der ihm schon in Dresden diente, in alle Transaktionen und auch Geheimnisse eingeweiht, der eher bescheidene Lohn von jährlich 600 Talern lässt allerdings erkennen, dass selbst dieser Vertraute nur Entscheidungen von minderer Bedeutung fällen darf. Dazu gehört natürlich nicht das Urteil über einen moralischen Fehltritt, wie ihn der aus Ahrensburg stammende und auf St. Croix als Destillateur tätige Johann Gottlieb Balck gestehen muss. Mit einer Sklavin hat er einen Sohn gezeugt, den er nun für 100 Taler freikaufen will.
So schwer ist das Vergehen, dass nicht der für die Verwaltung der Plantagen zuständige Neffe Schimmelmann über Vergebung oder Strafe zu entscheiden wagt, sondern der Oheim in der fernen Zentrale das Urteil sprechen soll. In dem Schreiben hatte der Sünder seinen gnädigen Herrn in vollkommener Zerknirschung um Gnade gebeten. Das „hitzige Clima" sei Schuld an seinem Fehltritt gewesen, und mit „beschämungsvoller Errötung" müsse er zugeben, ganz gegen seine sonstige Gewohnheit vom Pfad der Tugend abgewichen zu sein. Ein halbes Jahr muss der Sünder im Ungewissen leben, dann kommt die erlösende Nachricht, dass ihm vergeben werde.
Eine solche unerfreuliche Affäre ist schnell beizulegen, aber gleichzeitig warten schon hundert weitere Entscheidungen.

Pünktlich um 6.30 Uhr in der Früh beginnt Schimmelmann seinen Arbeitstag, um 23 Uhr beschließ er ihn, und dennoch hat er häufig nicht geklärt, was unbedingt zu erledigen gewesen wäre.

Gerade erst hat Schimmelmann den Chirurgen Runge zusammen mit seinem Neffen auf die lange Reise zu den Plantagen geschickt, und nun ist der Medikus wie so viele andere Schwarze und Weiße vor ihm ein Opfer des tödlichen Klimas geworden. Ein neuer Chirurg muss gefunden und ein neuer Vertrag mit gewohnter Gründlichkeit aufgesetzt werden. „Ich, Heinrich Carl Baron von Schimmelmann des Danebrog Ordens Ritter, Sr. Königl. Mayst. zu Dänemark, Norwegen etc bestalter Geheimer-Rath, General-Commertz-Intendant und Envoye extraordinaire bey dem Nidersächsischen Kreyse pp. thue hiermit kund" … so kratzt der Federkiel über die Seiten, muss gespitzt werden, hinterlässt Tintenkleckse, so dass aufs neue begonnen werden muss, ehe der Kontrakt fertig gestellt und ein weiteres Exemplar für den Empfänger abgeschrieben ist. 400 Taler nebst freier Unterkunft soll der neue Chirurg erhalten, auf sechs Jahre muss er sich verpflichten, keine Nebenbeschäftigung darf er annehmen und nachts seine Wohnung nicht verlassen. Schon beim geringsten Verstoß gegen die Vereinbarung habe der Inspektor das Recht, ihn sofort des Amtes zu entheben.

Schimmelmann ist jetzt Mitte 40, nähert sich dem Gipfel seines Reichtums und seines Einflusses, aber schon fühlt er sich müde. Die Fahrten zwischen Hamburg, Ahrensburg und Wandsbek sind zuweilen vergnügliche Erholungspausen, aber die Reise von und nach Kopenhagen empfindet er zunehmend als qualvoll. Auf Wegen, die den Namen nicht verdienen, ziehen sich die Stunden schier endlos dahin, ebenso die Nächte in den Herbergen. Nach einer solchen Reise braucht er Tage, um die schlimmsten Schmerzen zu überwinden.

Er müsse sich schonen, rät immer dringender Caroline Tugendreich, die sich in Hamburg zunehmend einsamer fühlt. Täglich schreibt sie ihm einen Brief, den sie aber nur jeden zweiten oder dritten Tag nach Kopenhagen abschickt. Schimmelmann liest die Briefe erst am Abend, wenn das Geschäftliche für den Tag abgeschlossen ist: „Du mein Engel, der meine Seele belebt. Zwey mal die Woche Briefe zu erhalten, dies ist doch die einzige Nahrung vor meine kranke Seele …"

Die Zeilen beunruhigen ihn, und obwohl es schon fast Mitternacht ist, schreibt er eine knappe Antwort, berichtet von einem gut angelaufenen Geschäft, einer bevorstehenden Reise des Königs, beklagt das unangenehme Wetter und seine schmerzenden Gelenke, versichert der Gattin seine ständige Liebe und unterschreibt wie gewohnt mit „Baron von Schimmelmann".

Dem Diener, der schon ungeduldig auf das Verlöschen der Lampe wartet, trägt er auf, das Schreiben sogleich dem Boten zu überbringen, der mit weiterer Post noch vor Tagesanbruch nach Hamburg aufbrechen soll.

* * *

Fragt jemand Schimmelmann, wie vielen Menschen er Lohn und Brot biete, dann sagt er vielleicht 400 oder auch 600, er nennt aber stets 1000 zu wenig, und er tut es mit gutem Gewissen. Es ist schließlich nach Menschen gefragt worden, dazu gehören auch die Leibeigenen, aber nicht die Sklaven auf den Plantagen. Sie gelten als Inventar, das immer wieder mühsam und auch kostspielig ergänzt werden muss.

Noch besitzt Schimmelmann keine eigenen Schiffe, er lässt seine menschliche Ware von anderen transportieren nachdem er sie auf dem Sklavenmarkt gekauft hat.

Er kennt den Ablauf dieses Geschäfts mit allen seinen Risiken. Die Verluste an Menschen und an Material können groß sein, die Gewinne aber sind stets noch größer. Im Hafen von Kopenhagen sieht er die Sklavenschiffe auslaufbereit liegen. Etwa die gerade erst von der Königlich Guineischen Kompanie in Dienst gestellte Fregatte „Fredensborg". Gut bewaffnet mit zehn Kanonen, dazu reichlich ausgerüstet mit Säbeln, Pistolen und Gewehren. Kapitän König kommandiert 38 Mann Besatzung. Die Ladung besteht in erster Linie aus Branntwein, Pulver und Flinten. Es sind die Tauschartikel für den Sklavenhandel.

Am 17. Juni 1767 wird der Anker gelichtet. Wie die gefahrvolle Fahrt verläuft, lässt sich nach der Rückkehr im Schiffstagebuch nachlesen: Am 1. Oktober ist das dänische Fort Christiansborg an der westafrikanischen Küste bei Accra erreicht. Fünf Mann der Besatzung erleben schon das erste Ziel des Dreieckhandels nicht. Während des Aufenthalts im Hafen sterben sieben weitere Besatzungsmitglieder, darunter der Kapitän. Als der Gouverneur des Forts dessen

Rechnungen und Dokumente untersuchen lässt, stellt sich heraus, dass sie sich „in der größten Konfusion“ befinden. Erst Ende April 1768 kann die Fahrt fortgesetzt werden, denn die Geschäfte laufen schlecht, es ist nicht genug menschliche Ware zu bekommen, außerdem hat die Konkurrenz gerade 170 Sklaven verfrachtet, und der Markt ist somit so gut wie leer. Man muss warten, bis schwarze und weiße Händler neue Ware aus dem Landesinneren in die Forts und die Handelsstationen an der Küste bringen. In dem Verlies des Forts und den angrenzenden Baracken gibt es zwar noch einige Restbestände an Sklaven, aber die sind von schlechtester Qualität, würden wahrscheinlich nicht einmal die Überfahrt zu ihren Arbeitsplätzen auf St. Croix oder St. John überstehen.

Am 28. April 1768 ist die Fracht endlich an Bord. 265 Sklaven männlichen und weiblichen Geschlechts. Fast alle in Eisen gelegt und mit Brandzeichen versehen. Am 12. Juli erreicht die „Fredensborg“ St. Croix. Kurz vor der Ankunft werden alle Sklaven gewaschen, balbiert und mit Palmöl eingerieben, damit sie den Käufern gefallen und einen guten Preis erzielen. Die Sterberate bei der Überfahrt war diesmal niedrig und betrug nur elf Prozent. Der durchschnittliche Verlust bei diesen Fahrten liegt bei 16 Prozent. Unter der Schiffsbesatzung ist die Todesrate viel höher. 13 Mann, und damit ein Drittel der Besatzung, verlieren durch Unfälle oder Krankheit ihr Leben. Die Leichen der einfachen Besatzungsmitglieder werden in ihre Hängematten verschnürt und, von einem Gebet begleitet, dem Meer übergeben. Der Besitz der Verstorbenen wird noch an Bord versteigert. Die

Einnahmen erhalten später die Erben. Ein Taler wird für die Hängematte abgezogen.

Wegen der Trockenheit ist die Zuckerrohrernte in diesem Jahr schlecht ausgefallen, daher haben die Pflanzer wenig eingenommen, und das Geld für den Ankauf neuer Sklaven ist knapp. Es dauert 14 Tage, bis die menschliche Ware im Hafen von St. Croix verkauft ist. Für den Zugriff gibt es feste Regeln. Als erster darf der Agent der königlichen Kompanie auswählen. Er kauft für jeweils 230 Taler sieben gesunde und besonders kräftige Männer. Als nächster Käufer ist der Vertreter des Gouverneurs an der Reihe, der für jeweils 200 Taler vier Männer und für 120 Taler ein Mädchen erwirbt. Einen dritten Platz in der Liste der Ankäufer kann der Neffe Schimmelmann beanspruchen. Er erwirbt für seinen Oheim 18 männliche Sklaven, darunter drei Jungen für 230 Taler das Stück, zahlbar innerhalb von sechs Wochen. 1464 Taler zahlt Schimmelmann in bar, den Rest in Rohzucker. Auch 22 Kranke finden für Preise zwischen 55 und 80 Taler noch einen Käufer. Insgesamt bringt der Verkauf von 236 Sklaven einen Erlös von 41 092 Talern. Davon entfallen fünf Prozent als Prämie auf die wichtigsten Mannschaftsmitglieder der „Fredensborg“, dazu zählt neben dem Kapitän auch der Koch. Der eine erhält zwei Prozent, der andere ein Zwölftel.

Schwieriger noch als der Verkauf der menschlichen Ware gestaltet sich die Beschaffung der Ladung für die Rückreise nach Kopenhagen. Auch hier wirkt sich die geringe Ernte aus. Der Verwalter Schimmelmann kann lediglich 43 Fass Rohzucker für den Transport in die Raffinerie seines Onkels beisteuern. Von anderen Plantagen kommt ebenfalls Zucker,

dazu Baumwolle, Tabak und vor allem größere Mengen Holz, allein 300 Mahagoni-Planken. Auch sechs Passagiere buchen für die Überfahrt, drei Weiße und drei Schwarze. Es ist seit einiger Zeit in Mode gekommen, dass sich Gutsbesitzer einen Mohren als Diener oder als Hoftrompeter halten. Auch Schimmelmann nutzt Sklaven zuweilen als Geschenk für Familienmitglieder, sorgt in Ahrensburg für Erstaunen, als er mehrere Schwarze ausbilden lässt, um sie später nach der Rückkehr auf seine Plantagen für handwerkliche Tätigkeiten einzusetzen, die normalerweise Weißen vorbehalten sind.
Am 14. September ist die Ladung endlich vollständig, und die „Fredensborg" setzt Segel für die Rückreise. Nach einem Monat stirbt einer der schwarzen Passagiere, einen weiteren Monat später einer der weißen Mitreisenden. Es stürmt und es herrscht eisige Kälte, die Mannschaft ist völlig erschöpft, und die Schiffsführung beschließt, an der norwegischen Küste Schutz zu suchen. Drei Schüsse aus der Bordkanone signalisieren, dass ein Lotse benötigt wird. Der kommt an Bord und lässt das Schiff am 1. Dezember 1768 in voller Fahrt auf eine Klippe laufen. Bis zum März versuchen Besatzung und angeheuerte Hilfskräfte, möglichst viel von der Ladung zu bergen. Aus dem Schiffsrumpf gerettet werden 17 Elfenbeinzähne, 260 eiserne Fesseln für Sklaven, zwei Kapseln mit Gold, 2 200 unbrauchbar gewordene Rollen Tabak und viele Hölzer. Die Versteigerung erbringt 2108 Taler, die Bergungskosten belaufen sich auf 2 000 Taler.
Am 30. April 1769, fast zwei Jahre nach der Abreise, kehrt die um mehr als ein Drittel reduzierte Mannschaft nach Kopenhagen zurück.

Obgleich die Fahrt der „Fredensborg“ unter keinem guten Stern stand, sind der Königlichen Kompanie keine außergewöhnlichen Schäden entstanden. Der Verkauf der Sklaven hat trotz der stets bedauerlichen, aber kalkulierten Todesfälle einen stattlichen Gewinn gebracht, die überdurchschnittlichen Verluste bei der Mannschaft verursachen keine zusätzlichen Kosten, Schiff und Ladung waren gut versichert. Als Schimmelmann von der Havarie der „Fredensborg“ hört, beauftragt er seinen Prokuristen Gondolatzsch umgehend, die Verluste korrekt, aber zugleich großzügig zu ermitteln und von der Kompanie eine schnelle Begleichung des ermittelten Schadens zu verlangen.

* * *

Wenn die Brandzeichen gesetzt werden, ist das stets mit viel Geschrei verbunden. Nicht nur das jeweilige Opfer schreit, in Sympathie jammern auch die schon gekennzeichneten oder noch zu behandelnden Sklaven. Das auf die Brust, die Schulter oder den Oberschenkel eingebrannte Herz mit dem Buchstaben „S“ zeigt jedoch nicht an, dass es sich um den Besitz des Barons von Schimmelmann handelt. Der nämlich lässt seine Sklaven mit „BvS“ kennzeichnen. Das „S“ steht für „Sozietät“, das bedeutet Eigentum der Königlich Guineischen Kompanie. Findet ein Besitzerwechsel statt, muss erneut gekennzeichnet und die alte Brandmarke gestrichen werden, was mit doppeltem Geschrei verbunden ist. Manches Mal kommt sogar noch ein nicht zu tilgendes Brandmal hinzu, das den Betroffenen als Dieb anzeigt.

Wenn in die Heimat zurückgekehrte Kaufleute oder Missionäre von dieser Prozedur berichten, erheben zuweilen feinfühlige Damen den Vorwurf, man dürfe doch einen Menschen nicht wie ein Pferd oder eine Kuh behandeln. Auch die Baronin Schimmelmann hat Ähnliches bereits mehrfach gedacht, aber nicht ausgesprochen, denn sie weiß, dass der Gatte sehr höflich und zugleich auch sehr ernst geantwortet hätte, es sei zu berücksichtigen, dass Neger eine ausgesprochen unempfindliche Haut besäßen und sich außerdem viel gröbere und gewiss schmerzhafte Stammeszeichen einzuschneiden pflegten. Ohne die Kennzeichnung wäre es außerdem so gut wie unmöglich, weggelaufene Sklaven jemals zurückzuerhalten, da sich selbst bei der Wiederergreifung die Eigentumsrechte nicht eindeutig klären ließen.
Erst im Sommer 1767 hat Schimmelmann vier seiner besten Sklaven abschreiben müssen, weil sie unwiederbringlich mit einem gestohlenen Boot unter Ausnutzung des Passatwindes von St. Croix nach Puerto Rico geflohen waren. Dort mussten sie nur ein Jahr lang Festungsarbeiten verrichten und sich anschließend katholisch taufen lassen. Danach erhielten sie ihre Freiheit.
In seinem Schreiben mit der schlechten Nachricht empfiehlt der Neffe Schimmelmann dem Oheim in der Ferne, seine einflussreiche Stellung am Kopenhagener Hof dahingehend zu nutzen, dass ein Vertrag zwischen Dänemark und Spanien mit dem Inhalt abgeschlossen werde, geflüchtete Sklaven unverzüglich ihrem Besitzer zurückzuführen. Obwohl es Schimmelmann wenig schätzt, ohne Anforderung Ratschläge entgegenzu-

nehmen, macht er in dieser ärgerlichen Angelegenheit eine Ausnahme und erreicht, dass mit den Spaniern ein entsprechendes „Auslieferungskartell" geschlossen wird. Allzu oft muss die Vereinbarung allerdings nicht in Anspruch genommen werden, weil sich die Geflüchteten voller Verzweiflung gegen eine Rückkehr wehren; denn es drohen schmerzhafte Strafen. Wer länger als einen Monat „maron gegangen", also entlaufen ist, büßt mit dem Verlust beider Ohren, im Wiederholungsfall muss der Chirurg eingreifen und bei leichter Betäubung ein Bein entfernen. Sollte der auf diese Weise Bestrafte gar ein drittes Mal seinen Arbeitsplatz verlassen, büßt er mit dem Leben.
Mit dem Tode soll auch bestraft werden, wer zum wiederholten Mal unerlaubt an Feierlichkeiten wie Hochzeiten teilnimmt oder gar tätlich gegen seinen Herrn vorgeht.
Den harten Strafen stehen bescheidene Rechte gegenüber. Sklaven dürfen heiraten, wenn sie zuvor Christen geworden sind und der Eigentümer zustimmt. Alte und kranke Sklaven müssen von ihren Herren weiter versorgt werden. Es ist verboten, Sklaven statt der vorgeschriebenen Mahlzeit nur Rum zu geben. Zeugt ein Eigentümer mit einer Sklavin Kinder, verliert er die Frau und ihre Kinder an den königlichen Fiskus.
Schimmelmann betrachtet seine tausend Sklaven als Kapital, das sorgsam behandelt werden muss, um den Ertrag nicht unnötig zu verringern. Der Verlust von Ohren schwächt die Arbeitskraft nicht nachhaltig, soll trotzdem möglichst vermieden werden, weil die Verstümmlung beim Betroffenen Groll hervorruft, der anstecken könnte. Die

Entfernung eines Beines lehnt er ganz und gar ab, da das Opfer dann so gut wie wertlos geworden ist. Gegen kräftiges Auspeitschen hat er dagegen nichts einzuwenden.
Schimmelmanns Plantagen gelten als vorbildlich bewirtschaftet, und sie sind folglich besonders gewinnbringend. Um den Erfolg nicht zu schmälern, erhält der Neffe genaueste Vorschriften über den Arbeitsablauf: Soll ein neues Areal eingerichtet werden, kommen mehr als hundert Sklaven gleichzeitig zum Einsatz. In einer Reihe nebeneinander aufgestellt, schwingen sie im Takt die eisernen Hacken. Wer das Tempo nicht einhält, den treibt der weiße Aufseher mit Peitschenhieben an. Die Mütter tragen ihre kleinen Kinder auf dem Rücken, die größeren, aber noch nicht arbeitsfähigen Kinder spielen auf Fellen am Feldrand. Bei Sonnenaufgang beginnt die Arbeit, bei Sonnenuntergang endet sie. Die Mittagspause beträgt anderthalb Stunden, die Frühstückspause eine halbe Stunde. Das Essen wird mitgebracht. Wer nichts hat, kaut Zuckerrohr. Am Abend kochen die Frauen vor den Hütten, was auf dem für die private Nutzung erlaubten Stückchen Land angepflanzt worden ist.

Kapitel 9

DIE GEWEHRFABRIK

Quälen ihn Gewissensbisse? Nein. Es geht um tausend Taler, eine Lappalie also. Außerdem benötigt Schimmelmann dringlich eine Gewehrfabrik, denn beim Ankauf von Sklaven werden Flinten benötigt. Sie sind für Häuptlinge, die mit ihren Gefangenen zu den Zwischenhändlern an die Küste kommen, viel wichtiger als Taler. Die als Zahlungsmittel verwendeten Gewehre dürfen von minderer Qualität sein. Schließlich ist es ein Unterschied, ob man mit einem preußischen General oder einem Negerhäuptling Geschäfte macht. In der eigenen Fabrik lassen sich unnötige Ausgaben rechtzeitig vermeiden.

Und nun steht in Hellebaek nahe Helsingör eine Gewehrfabrik zum Verkauf. Noch gehört sie dem Staat, der sie erst vor drei Jahren vom Justizrat Hansen für 120 000 Reichstaler günstig erworben hat. Aber die staatliche Verwaltung ist wirtschaftlich wieder einmal nicht besonders ertragreich, außerdem braucht der Staat wie immer Geld, das weiß keiner besser als der königliche Finanzberater Schimmelmann, und daher hat er dringend empfohlen, nach den Plantagen und den Domänen und allerlei weiterem Besitz auch die Gewehrfabrik zu verkaufen.

Die Entscheidung darüber liegt bei dem Kriegsdirektorium, dem der höchst ominöse General Graf Saint-Germain ange-

hört. Das Gremium berät ausgiebig und kommt zu dem Ergebnis, dass die Gewehrfabrik einem Kanonenfabrikanten von Seeland zugesprochen werden solle, eine Entscheidung, für die sich der Begünstigte großzügig bedankt. Allerdings ist der Preis derart gering, dass die berechtigte Vermutung entsteht, bei der Transaktion könnte allzu viel Wohlwollen mitgewirkt haben. Eine Untersuchungskommission wird daher eingesetzt, der auch Schimmelmann angehört. Und diese ehrenwerten Kontrolleure fällen nach gründlicher Beratung das Urteil, bei dem Verkauf habe der Staat Schaden erlitten. Der General Saint-Germain wird daraufhin endlich aus dem Amt entfernt, was nicht zuletzt die Hamburger erfreut, denn schließlich war er es, der einst mit Truppen anmarschierte, weil die Stadt die von Kopenhagen geforderte Zwangsanleihe zunächst nicht zahlen wollte.
Damit das leidige Geschäft mit der Gewehrfabrik nun endlich einen geordneten Weg einschlägt, empfiehlt die Kommission, das Werk solle auf einer Auktion versteigert werden. Und so geschieht es. Wäre Schimmelmann noch Kaufmann und Heereslieferant, ohne Mühe hätte er das so dringend benötigte Unternehmen ersteigert. Ein Vertrauter des Königs dagegen kann nicht einmal durch seinen treuen, dazu noch preisgünstigen Prokuristen Gondolatzsch eine Gewehrfabrik erwerben, zumal er persönlich mit ermittelt hat, dass der frühere Verkauf unordentlich verlaufen sei. Der Justizrat Hansen wird daher neuer Besitzer der Gewehrfabrik. Nur 69 000 Taler muss er zahlen.
Hatte er sie nicht erst drei Jahre zuvor für 120 000 Taler an den Staat verkauft?

Eine neue Untersuchungskommission wäre dringend erforderlich. Aber wozu benötigt ein Justizrat eine Gewehrfabrik? Zumal er nicht einmal mit Sklaven handelt. Der Baron Schimmelmann, gleichzeitig Herr über tausend Sklaven, kann das Unternehmen viel besser gebrauchen. Als der Vertrag auf dem Weg zum schon reichlich kranken König ist, fügt Schimmelmann dem ungeraden Betrag 1 000 Taler hinzu und ist alsbald für 70 000 Taler Eigentümer der bereits sehnlichst begehrten Gewehrfabrik.
Warum an dieser Manipulation niemand Anstoß nimmt? Weil das einfache Volk ganz andere Sorgen hat. Und selbst die gebildeten Bürger ahnen nichts von dem, was die Lenker des Staates treiben. Die feinere Hamburger Gesellschaft und die Kaufleute an der Börse lesen in ihrem Correspondenz-Blatt, dass der noch immer nicht allzu sehr geschätzte Bewohner des Gottorper Palais nun auch eine Gewehrfabrik erworben hat. Diese knappe Nachricht nimmt man mit einem Achselzucken hin, es gibt schließlich sehr viel bessere Neuigkeiten. Ist doch endlich ein Vertrag unterzeichnet worden, in dem sich der kranke dänische König bereiterklärt, den sich ohnehin schon lange unabhängig fühlenden Hamburgern die Unabhängigkeit endlich auch mit Brief und Siegel zu bescheinigen.
Und der am Hofe einflussreiche Mitbürger Schimmelmann gibt unmissverständlich zu erkennen, dass er beim Zustandekommen dieser Vereinbarung eine wichtige Rolle gespielt hat. Was durchaus der Wahrheit entspricht. Denn im Tausch gegen die Unabhängigkeit verzichteten die Hanseaten auf Rückzahlung der einst erpressten Zwangsanleihe

von einer Million Talern. Und das wiederum erfreute den für die königlichen Finanzen zuständigen Baron Schimmelmann.

Wer möchte angesichts dieser und anderer wichtiger Ereignisse an die kleine Manipulation beim Erwerb der Gewehrfabrik erinnern. Nur der mächtige Außenminister Graf von Bernstorff wird viele Jahre später sagen, eine derart üble Sache hätte Schimmelmann nicht tun sollen. Und Ähnliches denken am königlichen Hof auch zur Tatzeit einige andere. Doch Schimmelmann hat gerade den Höhepunkt seines Reichtums und auch seiner politischen Macht erreicht. Da will wegen 1 000 Taler wirklich niemand stören.

Zumal sich ausgesprochen zügig zeigt, dass die bereits 170 Jahre alte Gewehrfabrik in tatkräftige Hände geraten ist. Bei näherem Hinsehen für einen äußerst günstigen Preis, denn zu den Produktionsstätten gehören ein landwirtschaftlicher Betrieb nebst Gutshaus, ein ansehnliches Waldgebiet und sogar eine kleine Fischersiedlung. Diese Beigaben bieten dem neuen Eigentümer einen erfreulichen Nebengewinn. Denn die 300 Laufschmiede, Bajonettschleifer, Büchsenmacher, Schmirgler und Gravierer müssen sich und ihre Familien selber verpflegen.

Als der neue Herr die Leitung übernimmt, wagen die Beschäftigten einen vorsichtigen Protest und fordern das Recht, ihre Lebensmittel dort zu erwerben, wo sie am günstigsten sind. Als Schimmelmann diese ungehörigen Ansprüche zu Ohren kommen, blickt er erst ungläubig und dann recht streng. Selbstverständlich müsse die alte Regelung gültig bleiben, der zufolge nur Nahrungsmittel aus

den eigenen Besitzungen in Europa und Westindien gekauft werden dürfen.
An die 8000 Handfeuerwaffen verlassen in den ersten Jahren nach dem Kauf die Werkräume, danach werden es mehr. Ein Infanteriegewehr mit aufgepflanztem Bajonett für den Nahkampf kostet bis neun Taler, eine für den Sklavenhandel als Tauschobjekt gedachte Flinte nur die Hälfte. Als bei einer Sendung die Qualität so schlecht ist, dass der Schütze gefährdeter ist als der Feind, muss Schimmelmann im Zorn 3000 Ersatzschlösser aus Solingen bestellen, was er eigentlich gar nicht darf, weil die Vorschriften besagen, dass nur einheimisches Material zu verwenden sei.
Aber wer aus guten Gründen die Gnade des Königs genießt, der darf sich erlauben, was anderen versagt bleibt, und wer so geschickt und angesehen wie Schimmelmann ist, dem fallen Vorteile zu, die ärgerliche Verluste schnell wieder ausgleichen. Mit dem Kauf der überseeischen Plantagen hat er in Kopenhagen auch die größte Zuckerraffinerie im Lande erworben, die ein Drittel der angelandeten Rohware veredelt. In seiner Eigenschaft als Minister kann er durchsetzen, dass Raffinerien, die einen Teil ihrer Produktion exportieren, eine staatliche Prämie erhalten. Die vorwiegend kleinen Fabriken können nur das Inland beliefern und gehen leer aus. Voller Zorn zeigen die Konkurrenten auf den Minister Schimmelmann, der den Unternehmer gleichen Namens so ungerecht wohlwollend behandelt. Klagen dürfen die Benachteiligten, ändern können sie nichts.
Manche seiner Besitzungen hat Schimmelmann in seinem ganzen Leben nie gesehen, die Raffinerie und auch die Ge-

wehrfabrik kann er von dem Palais in der Bredgade ohne allzu große Mühen erreichen. Fährt seine mit livriertem Diener besetzte Kutsche überraschend vor, erregt er Aufsehen, wie es bei der Ankunft des Königs nicht größer hätte sein können. In höchste Unruhe gerät vor allem der Inspektor der Gewehrfabrik, der schon mehrfach erfahren hat, dass der Baron nicht nur alle wesentlichen Zahlen über Einnahmen und Ausgaben kennt, sondern auch vermeintliche Nebensächlichkeiten verfolgt.

Woher mag er wissen, dass sich zwei tüchtige junge Arbeiter davon gemacht haben? Und dass sie vom Gut Lindenborg geschickt worden sind, um einen Kräftemangel zu beheben? Wenn er die Leute nicht gut behandle, so grollt Schimmelmann schriftlich, möge der Inspektor zusehen, woher er neue Gesellen bekomme. Jedenfalls nicht mehr aus Lindenborg.

Kapitel 10

REISEN

Nur was mit einem ordentlichen Kontrakt geregelt ist, das besitzt für Schimmelmann Gültigkeit. Das gilt nicht nur für das Geschäftliche, sondern auch für das Private. Und was ist wichtiger als die Erziehung der Kinder, vor allem des Erben Ernst. Gleich nach der Konfirmation in der Kirche zu Ahrensburg hat er den knapp 16-Jährigen für zwei Jahre in die Schweiz geschickt. In Genf und Lausanne soll er die Finanzwissenschaften studieren und die französische Sprache lernen, deren Kenntnis Schimmelmann bei sich selbst so oft vermisst. Am Ende des Schweizer Aufenthalts hat der Erzieher über seinen Zögling ein Gutachten geschrieben, das der Vater mit einiger Sorge liest. Von Unordnung und „Ungewissheit in seinem Tun" ist die Rede, und zurückzuführen sei das nicht zuletzt darauf, dass er zu viele Bücher gelesen habe, die sich gegen die christliche Religion richteten.

Die neue Reise soll weniger dem theoretischen Studium als vielmehr dem Kennenlernen der Praxis dienen. England, Frankreich und die Niederlande sind das Ziel.

Unter dem Datum vom 2. Juli 1766 teilt Schimmelmann dem Erzieher Lucas Friedrich Zagel in einer aus acht Paragraphen bestehenden Instruktion mit, wie die Kavaliersreise abzulaufen habe und welche Erziehungsziele erreicht werden müssen. So viele Manufakturen und Fabriken wie

möglich seien zu besuchen, gleichzeitig Sehenswürdigkeiten nicht zu vernachlässigen. Da bei dem Schweizer Aufenthalt Mängel bei der von Schimmelmann so sehr geschätzten Ordnung festgestellt worden waren, soll auf diese Nebentugend besondere Beachtung gelegt werden.
Unbedingt zu vermeiden sei „böse Gesellschaft", und äußerste Vorsicht empfiehlt der besorgte Vater beim Schließen von Freundschaften, und wenn sie denn schon nicht zu vermeiden sind, sollen sie derart angelegt sein, dass sie sogleich wieder aufgehoben werden können.
Auf 15 Monate wird die Reise geplant, und alle Vierteljahre hat der Hofmeister Zagel die Rechnungen und Quittungen einzureichen. 500 Reichstaler soll für ihn neben freier Unterkunft und Verpflegung die Jahresgage betragen, und wenn alle Vereinbarungen zur Zufriedenheit des Herrn Baron und Vaters ausgefallen sind, wird ein stattliches Geschenk von 2 000 Talern versprochen, dazu eine Beschäftigung, die „Ruhe und Zufriedenheit" für den Rest des Lebens sichert.
Für den Hofmeister und Erzieher sind es großzügige Bedingungen, die er mit Sorgfalt erfüllt. Pünktlich wie vereinbart gehen im Hamburger Kontor die Rechnungen ein, mit deren Prüfung Schimmelmann gleichzeitig als heimlicher Beobachter an der Reise beteiligt ist. Jeden Einkauf kann er verfolgen, nicht immer mit Zustimmung. 60 Pfund für Kleidung in London, das ist ein Betrag, der Stirnrunzeln hervorruft. Zwei Florette, eine Fechthaube sowie der täglich zweistündige Fechtunterricht sind gewiss sinnvoll, aber wozu dienen gleich sieben Nachtmützen? Und ist es wirklich erforderlich, eine eigene Kutsche zu kaufen, statt

das Gefährt anzumieten? 158 Gäste bei einem Frühstück in London? Allerdings nur ein Schilling an Ausgaben pro Person, da sei im Voraus gut verhandelt worden. Aber dann diese Berge von Büchern. Insgesamt 300 Bände. Über Philosophie und Geschichte, Traktate von Voltaire, Hume, Locke, Diderot, dazu Romane, die in Mode sein sollen. „The Vicar of Wakefield" eines gewissen Goldsmith, leider auch etwas von Jonathan Swift, dem kein guter Ruf nachgesagt wird.
Schimmelmann hat in seinem Leben nur ein einziges Buch gelesen, das nicht mit seinen Geschäften in Verbindung stand. Es war die Geschichte seiner Heimatstadt Demmin, die Pastor Wilhelm Karl Stolle aufgeschrieben hat.
August Hennings, dem Freund aus Schweizer Tagen, schreibt Ernst Schimmelmann auf Französisch, dem Vater auf Deutsch. Dem einen übermittelt er seine Gedanken, dem anderen das Gesehene. Abstieg in eine Kohlegrube bei Cardiff, das Treffen mit der berühmten Malerin Angelica Kaufmann in London, der Besuch eines Zuchthauses in Holland.
Als der Vater alle Quittungen zusammenzählt, ergibt sich ein Betrag von 40 000 Talern, das entspricht dem Wert von 200 Sklaven der ersten Güteklasse. Dennoch reuen ihn die Ausgaben nicht, denn er geht davon aus, dass es sich auf längere Sicht um eine Gewinn bringende Investition handelt.

Und so, wie der Hofmeister Zagel am Ende der Bildungsreise die versprochenen 2000 Taler und eine Anstellung auf Lebenszeit erhält, wartet auch auf den Erben Ernst eine Belohnung. Zum 20. Geburtstag ernennt ihn der kranke König Christian VII. zum Conferenz-Rath. Nicht auf eigene Initiative, sondern allein, weil sich sein reicher Geldgeber Schimmelmann für die Standeserhöhung des Sohnes eingesetzt hat. Ein Gehalt ist mit dem wohlklingenden Titel nicht verbunden, auch keine ernstzunehmende Pflicht. Mit Fleiß und Eifer soll der Erhöhte für seinen König tätig sein und bis zur Einfuhr „in die Sterb-Grube" darüber schweigen, was er an „Etat-Geheimes und anderen Affairen" erfahren habe. So steht es in der königlichen Ernennungsurkunde.

Der König gewährt gnädigst den Titel, der Vater will dafür Sorge tragen, dass der Haupterbe seine Zeit nicht mit Spiel und Tanz und philosophischen Diskursen vertändelt. Hatte er selbst im gleichen Alter doch schon mit preußischen Generälen über die Lieferung von Getreide, Tuch und Branntwein verhandelt. Sehr zum eigenen Vorteil dazu. Und schriftlich wie der Titel kam, so kommt in gleicher Form vom Vater die Order, der Sohn möge die Leitung der frisch erworbenen Gewehrfabrik nebst Fischerdorf und Gutsbetrieb übernehmen. Verbunden mit allerlei guten Ratschlägen, zu denen Milde und Strenge zugleich, vor allem aber Ordnung und Sparsamkeiten gehören.

Der königliche Konferenzrat übernimmt gehorsam seine erste wichtige Aufgabe und schreibt an seinen Freund, den im Pinnebergischen tätigen königlichen Beamten August Henning. Diesmal verfasst er die Briefe nicht auf Französisch, und er berichtet auch nicht über seine Erfahrungen mit der Leitung einer Gewehrfabrik. Stattdessen schildert er die ihn umgebende herbstliche Natur, berichtet von rie-

selnden Bächen, von geheimnisvollen Tälern, vom Meer mit seinen Schiffen.
Dabei ist es wirklich keine Zeit für große Gefühle. Denn am Hofe deuten sich dramatische Veränderungen an, die mit dem Namen des königlichen Leibarztes Struensee verbunden sind. Da scheint es dem Baron Schimmelmann klüger zu sein, die Leitung der so bedeutenden Gewehrfabrik wieder in energische Hände zu legen. Die eigenen natürlich. Dem für das Geschäftliche offenbar noch nicht ausreichend geeigneten Ältesten verschreibt er eine weitere Bildungsreise, dieses Mal nach Schweden und nach Norwegen. Nur zu gerne hätte sich der Freund Henning angeschlossen. Doch der Vater lehnt die Bitte ab. Er fürchtet Konspiration.

* * *

Könige sind für Schimmelmann höhere Wesen, an die er nicht Maßstäbe legt, mit denen er sonst Menschen beurteilt. Er sieht sie nicht kritisch und auch nicht wohlwollend. In ihrer Gegenwart ist er nicht mehr der klar und nüchtern denkende Geschäftsmann, sondern Untertan.
Wie alle anderen, die am Hofe verkehren, sieht auch Schimmelmann, dass der neue König Christian VII. krank ist. Nach nächtlichen Trinkgelagen in übel beleumdeten Lokalen der Hauptstadt zieht er mit seinen Kumpanen lärmend durch die Straßen, schlägt Scheiben ein, prügelt sich mit Wachsoldaten und Nachtschwärmern, die ihm in den Weg treten. An der königlichen Tafel bewirft er den Hofstaat mit Brotkügelchen, seiner Großmutter schüttet er beim Fest-

mahl den Inhalt der Zuckerdose über den Kopf und sagt mit schiefem Lächeln, dass sie eine ganz süße Dame sei, und seinen Lieblingshund „Gourmand“ befördert er feierlich zum Konferenzrat.

Von jedem anderen Menschen mit ähnlichen charakterlichen Schwächen hätte sich Schimmelmann mit Empörung abgewandt. Einem König gesteht er ein derartig absonderliches Verhalten zu. Und der junge Christian scheint zu spüren, dass ihn jemand so akzeptiert, wie er ist. Geduldig wie bei keinem anderen seiner vielen Ratgeber hört er zu, wenn ihm Schimmelmann von Zwangsanleihen, der Notwendigkeit neuer Steuern, von Aktiengewinnen und Verlusten berichtet. Manchmal nickt er in altkluger Würde, stellt sogar Fragen, aus denen Schimmelmann erkennen kann, dass der König wenig von dem Vorgetragenen verstanden hat.

Er beneide den lieben Herrn um sein prächtiges Palais an der Bredgade, sagt der König einmal, als Schimmelmann gerade in vorsichtigen Formulierungen den äußerst schlechten Zustand der Staatsfinanzen erläutert, und verspricht, dass er seinem Nachbarn demnächst einen Besuch abstatten werde. Bei dieser Gelegenheit könne man dann den für ihn so gewinnbringenden Diskurs über die Kameralistik fortsetzen. Mit der gleichen Handbewegung wie sie Schimmelmann bei seinem Treffen mit dem preußischen König Friedrich in Dresden gesehen hat, beendet Christian daraufhin das Gespräch.

Diesmal geht Schimmelmann allerdings nicht rückwärts zum Ausgang, sondern dreht sich erst an der Tür dem Kö-

nig wieder zu und macht die vorgeschriebene Verbeugung, wobei er darauf achtet, dass sie nicht zu tief gerät.
Der zugesagte königliche Besuch kommt wirklich zustande. Jedoch nicht in Schimmelmanns Kopenhagener Palais.

* * *

Zwei Jahre nach seiner Thronbesteigung beschließt Christian, gedrängt von seinen Ministern, eine Reise nach England und Frankreich. Mehrere Monate, vielleicht ein ganzes Jahr soll sie dauern. 60 Personen umfasst der Tross aus einem Dutzend Kutschen und Gepäckwagen. Da es üblich ist, dass reisende Herrscher selbst dann prunkvoll auftreten, wenn die Staatskasse Not leidend ist, muss ein Finanzier gefunden werden. In Frage kommt nur der reiche Baron von Schimmelmann. Den Sommer pflegt er mit seiner Familie auf den Besitzungen im Holsteinischen zu verbringen, und am 6. Juni 1768 fährt die königliche Karawane am Schloss Ahrensburg vor. Der König sei zu Besuch bei den Schimmelmanns, im Lauffeuer verbreitet sich die Nachricht bis nach Hamburg. Aus allen Himmelsrichtungen rollen weitere Kutschen herbei, bringen Gäste für das Festmahl oder auch nur Neugierige, die den König sehen wollen, über den so viel Merkwürdiges erzählt wird.
Auch aus Altona kommt eine Kutsche, keine prunkvolle, sogar ohne Bedienstete, nur mit einem angemieteten Kutscher auf dem Bock. Zunächst will die Wache die Zufahrt zum Hauptportal verweigern, erst als der Passagier sich als Hausarzt der Familie Schimmelmann ausweisen kann, darf er passieren.

Das Fest mit Musik und Tanz und Feuerwerk und einem Festmahl, wie es selbst erfahrene Höflinge noch nicht erlebt haben, dauert ausnahmsweise zwei Stunden über Mitternacht hinaus. Am nächsten Tag trifft sich die gleiche Gesellschaft zu einem Picknick. Diesmal wird im Garten ein ganzer Ochse am Spieß gebraten, und der König besteht darauf, sich zweimal selbst ein Stück aus der Nackenpartie zu schneiden. Am dritten Tag reist die königliche Gesellschaft ab, vor allem zur großen Erleichterung der stark ermüdeten Hausherrin.

Die einfache Kutsche aus Altona verlässt ohne ihren Passagier den Hofplatz; denn der Dr. Johann Friedrich Struensee, Armenarzt für die Bereiche Altona und Pinneberg, zugleich privater Medikus für einige wohlhabende Mitbürger, sitzt nun in einer Kutsche, die gleich hinter der des Königs fährt. Die kranke Majestät hat ihn für die bevorstehende Reise als Leibarzt bestellt. Es ist auch der Dank dafür, dass Struensee eine hymnische Würdigung des greisen Voltaire auf den dänischen König ins Deutsche übersetzt hat.

Aber Christian spricht noch eine weitere Beförderung aus. Es ist am Ende des ersten Festmahls im großen Schlosssaal, als der hinter dem Sessel des Königs stehende Hofmarschall dreimal die Hände zusammenschlägt und in die sogleich eintretende Stille ausruft, seine Majestät habe eine bedeutsame Neuigkeit zu verkünden. Woraufhin der König mit noch fettig glänzenden Fingern das ihm gereichte Dokument entgegen nimmt und mit seiner zu hohen Stimme vorliest, dass er, Christian der Siebente, von Gottes Gnaden König zu Dänemark, Norwegen, der Wenden und

Goten, Herzog zu Schleswig, Holstein, Stormarn und der Dithmarschen, Graf zu Oldenburg und Delmenhorst, den wohlgeborenen Baron von Schimmelmann, General-Commertz-Intendant und Ritter des Danebrog-Ordens, zum königlichen Schatzmeister ernannt habe.

Dem Gastgeber war bereits zugetragen worden, dass er mit einer Ehrung rechnen könne. Er hat insgeheim sogar eine etwas höherrangige Würde erwartet, etwa die Verleihung des Elefantenordens. Er verbirgt jedoch seine Enttäuschung, zeigt sich dankbar, verspricht dem König weiterhin treue Dienste und nimmt die vom Klirren der erhobenen Gläser begleiteten Glückwünsche der Festgesellschaft entgegen.

Schon vor dem Empfang des neuen Titels war vereinbart, dass der Schatzmeister an der Reise nach England und Frankreich teilnehmen soll. Es stellte sich jedoch heraus, dass die Beschaffung des Geldes für die Reisekasse nicht abgeschlossen ist und verschiedene Verhandlungen mit Banken geführt werden müssen. Das lässt sich nicht in der Fremde erledigen. Auch aus sehr persönlichen Gründen begrüßt es der Schatzmeister, dass die königliche Karawane zunächst ohne ihn aufbricht. Noch nie zuvor hat er seine Geschäfte für längere Zeit in zwar vertrauten, aber zugleich doch fremden Händen zurückgelassen, und nun sollen Monate vergehen, ehe er wieder ordnend eingreifen kann. Dieser Gedanke beunruhigt ihn sehr. Insgeheim hatte er gehofft, seine Teilnahme an der Reise auf wenige Wochen beschränken oder gar gänzlich vermeiden zu können.

Doch schon zehn Tage nach dem Aufbruch der Hofgesellschaft trifft in Ahrensburg die Botschaft des Reisemarschalls

Graf Holck ein, dass seine Majestät mit außerordentlicher Dringlichkeit die umgehende Anwesenheit seines Schatzmeisters anfordere. Übelgelaunt lässt Schimmelmann daraufhin seine größte und bequemste Kutsche beladen und hastet in quälender Fahrt nach Calais, von wo die nun erweiterte königliche Karawane auf zwei Schiffen die Überfahrt nach England antritt.

Aus den Briefen seines ältesten Sohnes hat der Schatzmeister einiges über das Treiben in London erfahren, doch die Wirklichkeit übertrifft alles, was er sich vorgestellt hat. Die Armut ist noch verheerender, der Reichtum noch prunkvoller und der dreimonatige Aufenthalt ein einziges Fest. Georg III. ist ähnlich krank wie sein dänischer Schwager, und beide Monarchen geben sich alle nur erdenkliche Mühe, durch verschwenderische Maskenbälle und Festmahle ihre zu hunderten geladenen Gäste zu beeindrucken. Der Schatzmeister erkennt schnell, warum er so eilig angefordert worden ist. An einem einzigen Abend gehen 20 000 Taler verloren, ein ganz normaler Tag verschlingt mindestens tausend Taler, und während der König noch seinen Rausch vom Vorabend beklagt und nach dem Leibarzt ruft, verhandelt der Schatzmeister über ein Nachfüllen der geplünderten Reisekasse.

Als der Tross im Herbst in Paris einfällt, fürchtet der Schatzmeister weitere Feierlichkeiten und Verschwendung. Doch glücklicherweise ist gerade die Königin verstorben. Ludwig XV. und der Hof tragen Trauer. Die dunkle Stimmung überträgt sich auf den kranken Christian. Er geht zwar noch in die Oper, wagt sogar, eine Einladung der ehrwürdigen

Académie Française anzunehmen, und sitzt verloren mit berühmten Gästen wie Diderot und D'Alembert an einer Tafel. Aber er wirkt müde und abwesend, ruft immer häufiger nach dem Leibarzt, der nicht helfen kann.

Der Schatzmeister beobachtet sorgenvoll seinen König, und in gleicher Sorge blickt er in die Reisekasse. Mit großer Erleichterung vernimmt er daher den Beschluss der Majestät, die Reise vorzeitig zu beenden. Anfang Januar 1769 trifft eine erschöpfte, durch zwei Todesfälle sogar reduzierte Hofgesellschaft wieder in Kopenhagen ein. Als der Schatzmeister, ähnlich wie nach der Bildungsreise seines ältesten Sohnes, die Ausgaben summiert, steht unter dem Strich ein Betrag von anderthalb Millionen Talern. Er benötigt eine Woche, um sich von den Strapazen der Reise und vom Ärger über die hohen Kosten zu erholen. Eine neue Steuer wird notwendig, um die in London und Paris aufgenommenen Kredite zurückzuzahlen.

Kapitel 11

DER LEIBARZT

Die 1 000 Taler, die zusätzlich in die ohnehin mit kleineren und größeren Gagen überfüllte Zahlungsliste für die Mitglieder der Hofgesellschaft aufgenommen werden müssen, fallen kaum ins Gewicht. Majestät haben Gefallen an dem Doktor Struensee gefunden, der nicht nur so trefflich die rühmenden Verse des klugen Voltaire übersetzen kann, sondern ganz offenkundig auch sein heilendes Handwerk versteht. Er darf sich ab sofort Königlicher Leibarzt nennen. Wie ernst er diese Aufgabe nimmt, erkennt man daran, dass er kaum noch von der Seite seines Patienten weicht. Im Gegensatz zu anderen Ministern, geheimen Räten, Grafen und Generalen neidet der Schatzmeister dem neuen Medikus die Nähe zum Monarchen nicht. Dennoch beobachtet er sorgenvoll die Veränderungen am Hofe.

Alles scheint aus den Fugen geraten. Der Schatzmeister mag zunächst nicht glauben, dass der neue Leibarzt für die Veränderungen verantwortlich ist. Ein halbes Jahr erst ist vergangen, seitdem der Doktor Struensee für tausend Taler Gage als Medikus des kranken Christian angestellt wurde, und jetzt sitzt er im geheimen Konzil zur Rechten des Königs, flüstert ihm ins Ohr, ob er Nein oder Ja sagen soll. Aber damit nicht genug. Kein Tag vergeht, an dem nicht etwas umgestoßen wird, was sich eigentlich bewährt hat, in

einigen Fällen allerdings auch nicht. Aber darf darüber ein, zugegeben tüchtiger, Medikus entscheiden?
Gerade noch ist er gar nichts, muss sich für die Anreise eine Kutsche leihen, und jetzt nennt er sich Etat-Rat, während er gleichzeitig seinem Patienten erfolgreich zuflüstert, er möge ein halbes Dutzend angeblich überflüssiger Titel abschaffen. Und das ist beileibe nicht alles, was verändert wird. Männer, die sich um das Königreich verdient gemacht haben, wie der jüngere und ältere Bernstorff, werden würdelos vom Hof geschickt. Aus angeblich „hygienischen Gründen" dürfen Tote nur noch bei Nacht begraben werden, etliche Feiertage werden gestrichen, und auch das für Gutsherren so einträgliche Schnapsbrennen ist ab sofort verboten.
Nichts einzuwenden ist allerdings gegen den Beschluss, die Liste mit den Pensionen und dem Ehrensold deutlich zu verkürzen. Müssen doch jedes Jahr mehr als 100 000 Taler für angeblich verdiente Personen ausgegeben werden, die den lieben langen Tag damit vergeuden, Verse zu schmieden oder philosophische Gedanken zu verbreiten. Zwar beklagen sich die Betroffenen herzzerreißend über den Verlust der Wohltaten, Gefahr aber droht von diesen Opfern der Sparmaßnahmen nicht.
Für ungeschickt, ja sogar für sehr gefährlich hält der Schatzmeister die Ausdehnung der Kürzungen auf mächtigere Kräfte. Die königliche Garde sei viel zu kostspielig und durchaus entbehrlich, flüstert der Medikus dem inzwischen willenlosen König zu, und schon bestimmt eine königliche Order, dass die Garde aufzulösen sei. Mit Empörung reagieren die stolzen Gardisten auf ihre Versetzung zum

gewöhnlichen Heer. Einen Augenblick hat es sogar den Anschein, als würde Rebellion ausbrechen, nur die eiligst herbeigerufenen Dragoner verhüten den Aufstand.
Jeder am Hofe und auch schon die meisten Stadtbewohner wissen, wer für die Unruhe verantwortlich ist. Nicht der arme kranke König, der seinen Pflichten nicht mehr gewachsen ist, Schuld ist vielmehr der Medikus, der „Deutsche", wie er bald nur noch genannt wird. Aber das Schlimmste hat sich noch gar nicht überall herumgesprochen. Der Doktor Struensee soll nicht nur den König in seine magische Gewalt gebracht haben, sondern in noch stärkerem Maße die Königin. Hofdamen können Einzelheiten erzählen, die nicht den geringsten Zweifel erlauben. Die beiden sollen nicht einmal mehr ein Geheimnis aus ihren nächtlichen Treffen machen. Der Schatzmeister ist empört, er ist aber zugleich entschlossen, sich nicht am Protest und nicht an den Intrigen zu beteiligen.
Detlev von Reventlow, in Ungnade gefallener Erzieher des Königs, versucht, ihn für den Kreis der Verschwörer zu gewinnen, und scheitert. Ove Hoeg Guldberg, dem rattenhaften Sekretär der verschlagenen Königinwitwe, verweigert er mit dem Hinweis auf dringende Pflichten ein gewünschtes Treffen, gleichzeitig ist aber auch sein Verhältnis zum Leibarzt, der seine medizinischen Pflichten bereits einem Nachfolger abgetreten hat, deutlich abgekühlt. Als Struensee seinen Bruder Carl August zum Ratgeber für das Finanzielle ernennt, zieht sich der Schatzmeister gekränkt noch weiter zurück. Nicht erst wie gewohnt mit Beginn des Sommers, sondern schon Ende Februar lässt er sich nach

Ahrensburg fahren. Das Leben am Hofe werde ihm zunehmend unerträglich, gesteht er seiner Frau.

* * *

Mehr als ein Jahrzehnt schon hütet Caroline Tugendreich Schimmelmann das Palais an der Hamburger Mühlenstraße. Sie ist jetzt 39 Jahre alt, hat neun Kinder zur Welt gebracht, und sie fühlt sich noch immer sehr fremd und einsam in der großen lärmenden und übel riechenden Stadt. Ihren Mann sieht sie nur in den Sommermonaten, sehr selten wagt sie die lange und mühsame Reise nach Kopenhagen. Seltener werden auch die Festveranstaltungen. Es sind nicht die Kosten, die abschrecken, sondern die fremden Menschen. Vor allem in der dunklen Jahreszeit legt sich die Einsamkeit wie ein schweres schwarzes Tuch über ihre Seele.
Zu ihren wenigen Abwechslungen gehören die Besuche im neuen Schauspielhaus und die Treffen, zu denen sie einmal im Monat einen kleinen Kreis von Kunstschaffenden lädt. Der ebenso geistreiche wie streitbare Gotthold Ephraim Lessing zählt dazu, auch der ihr nicht sonderlich sympathische Pastor Johann Melchior Goeze, der verbissen gegen die zunehmende Sittenlosigkeit auf den Theaterbühnen polemisiert.
Großen Gefallen findet sie dagegen an Friedrich Gottlieb Klopstock, dem sie mehrfach ihr begehrtes Einladungsbillett schickt und das der berühmte Dichter jedes Mal bereitwillig annimmt. Klopstock hatte sich 1770 in Hamburg niedergelassen. Er war seinem Mäzen, dem älteren Bernstorff, aus Kopenhagen ins Exil gefolgt.

Bei seinem ersten Besuch im Schimmelmannschen Palais berichtet der Dichter anschaulich über das, wie er formuliert, verachtenswürdige Treiben am Kopenhagener Hof, gibt dabei gleichzeitig zu erkennen, dass er dem heimlichen Herrscher Struensee durchaus Wohlwollen entgegenbringt, allerdings nur, soweit es seine umfangreichen Reformen betrifft; denn ihm ist nicht entgangen, dass Struensee sein dichterisches Werk verhöhnt hat.
Bei seinem zweiten Besuch liest Klopstock mit angenehm weicher Stimme aus den Gesängen seines so bewunderten „Messias“. Die Schatzmeisterin empfindet die Verse über das kosmisch überhöhte Heilsgeschehen als ein wenig zu erhaben, aber sie bemerkt, wie alle anwesenden Damen mit Tränen der Rührung kämpfen. Zu ihrer Verwunderung sieht sie auch, dass sich ihre jüngste Tochter Julia in den Salon geschlichen hat. Mit geöffnetem Mund und geradezu verzückt lauscht die Siebenjährige im Schutze einer hohen Sessellehne dem Vortrag des Poeten.

* * *

Mit ihrem Mann spricht die Schatzmeisterin selten über die Treffen im kleinen Kaminzimmer. Nur dann, wenn er einmal fragt, wer gekommen sei, nennt sie die Namen, charakterisiert knapp den einen oder anderen Gast. Sie weiß, dass die Frage nur auf Höflichkeit, nicht auf Interesse beruht. Daher ist sie erstaunt, dass der Gatte beim Namen Klopstock Einzelheiten über das Vorgetragene wissen will. Sie äußert sich lobend, erwähnt allerdings weder die Tränen noch die heimliche Anwesenheit der Tochter Julia.

Über seine Tätigkeit bei Hofe berichtet der Schatzmeister wenig, umso mehr überrascht es seine Frau, als er erzählt, wie er die Pension des Dichters Klopstock gerettet habe. Beim Durchsehen der Zahlungslisten habe Struensee auch die jährlich gewährten 400 Reichstaler für den Verfasser des „Messias" zur Streichung empfohlen. Er habe jedoch mit Erfolg dringend eine Fortsetzung der Pension befürwortet.

Ein anderer Poet kommt dagegen nicht in den Genuss vergleichbaren Wohlwollens, obwohl er den Schimmelmanns zumindest räumlich näher steht als der Autor des „Messias". In Wandsbek lebt sei 1770 in einem bescheidenen Häuschen an der alten Heerstraße Matthias Claudius mit seiner Frau Rebekka und einer schnell wachsenden Kinderschar. Er ist aus Hamburg gekommen, und diesen Umzug hat er dem Schatzmeister zu verdanken. Der hatte beim Erwerb des übelbeleumdeten Ortes nicht nur mehrere baufällige Häuser und ein vernachlässigtes Schloss erworben, sondern auch noch eine Gazette. Den „Wandsbekischen Mercur", dessen Inhalt einen ähnlich schlechten Ruf besitzt wie die gesamte Umgebung. Der auf Ordnung bedachte neue Gutsherr will nicht nur Schloss und Häuser und möglichst alle Bewohner bessern, sondern auch die auf Hamburger Klatsch und Tratsch spezialisierte Zeitung.

Für die Betreuung der Bauwerke ist der vom Maurermeister zum Hausarchitekten aufgestiegene Carl Gottlob Horn zuständig, die menschliche Erbauung liegt in den Händen des Pastors Hahn. Und der erhält von seinem Patron den Auftrag, für die Herausgabe des Blättchens jemanden zu finden, der die Chronique Scandaleuse umgehend in eine Publikation verwandelt, die das Volk informiert, unterhält und bildet. Der Hamburger Verleger Nicolaus Bode fühlt sich dieser hehren Aufgabe gewachsen. Er hat auch einen beschäftigungslosen Redakteur zur Hand, den er gerade selbst entlassen hat. Es ist Matthias Claudius, und am Neujahrstag des Jahres 1770 erscheint auf vier Seiten und künftig vier Mal die Woche der „Wandsbecker Bothe".

Nimmt der Schatzmeister die Zeitung zur Hand, was selten genug geschieht, braucht er nun nicht mehr zu befürchten, Ungebührliches oder gar Kritisches zu lesen. Er erfährt, dass es in Paris zu einem Konflikt zwischen dem König und dem Parlament gekommen ist, und London meldet eine Kanonade zwischen englischen und spanischen Kriegsschiffen. Der Redakteur Matthias Claudius ist nur für die letzte Seite und die Rubrik „gelehrte Sachen" zuständig und verkündet als sein Berufsethos: „Ich bin ein Bothe und nichts mehr, was man mir gibt, das bring ich her".

Volkstümlich sollen die Berichte sein, so hat es der Schatzmeister gewünscht, und als volksnah gilt das Gespräch. Daher lässt Claudius fiktive Figuren auftreten, die sich unterhalten. Asmus spricht mit seinem Schulfreund Andres, und als Vertreter des Geistes kommt der Lehrer Ahrens hinzu. Man diskutiert über das Wesen von Genies, über Feuerwerk, über Astronomie, sogar über Hühneraugen.

Der Patron Schimmelmann liest es, und es ist ihm gleichgültig. Er nimmt auch beiläufig zur Kenntnis, dass schon berühmte Dichter Texte und Gedichte liefern. Klopstock, Herder, Lessing, Goethe. Diese Beiträge liest er nicht, weil sie ihm besonders gleichgültig sind. Gleichgültig ist ihm auch der nicht mehr ganz junge Mann, der mit seiner sehr jungen und zusätzlich hübschen Frau in der elenden Hütte am Steindamm lebt. So wie er den Pastor und den Lehrer bezahlt, hätte er auch dem Zeitungsschreiber eine Pension zahlen können. Doch dessen Verse und Dialoge sieht er nicht als ernstzunehmende und auch nicht als förderungswürdige Beschäftigung an. Matthias Claudius spürt das und schreibt an seinen Freund Herder schon ein Jahr nach seiner Ankunft in Wandsbek: „Hier kann ich nicht bleiben, obgleich mich der Baron, wie er zu sagen geruhet, gern behalten will." Die Schatzmeisterin ist es, die Gefallen an den Gedichten des scheuen Zeitungsmannes findet, sie ist es auch, die sich dafür einsetzt, dass er schließlich, nachdem es den Wandsbecker Bothen schon nicht mehr gibt, für den Kauf eines Hauses aus der Gutskasse einen Betrag von 9 500 Talern erhält.

* * *

Der Schatzmeister fühlt sich unwohl. Diesmal ist es allerdings kein körperliches Leiden, das ihn beeinträchtigt, sondern er fühlt sich unwohl in seiner Stellung bei Hofe. Genau genommen spielt er gar keine Rolle mehr, denn weder die Verschwörer trauen ihm noch der heimliche Herrscher Struensee und seine Verbündeten. Der König liegt ohnehin matt in seinen Kissen und unterschreibt, was man ihm vorlegt. Um die Finanzen des Staates kümmern sich vorwie-

gend andere, was nicht beneidenswert ist, denn die Kassen sind wieder einmal besonders leer. Und überall tauchen neue Gesichter auf und verschwinden genauso schnell, wie sie gekommen waren. Überall wird auch getuschelt, noch spät in der Nacht fahren Kutschen hierhin und dorthin. Diener berichten, dass die Herrschaften sie früher als gewohnt auf ihre Kammern geschickt haben, obwohl Besucher erwartet wurden.
Schimmelmann hat seine Zuträger, und er weiß, was bevorsteht. In der Nacht vom 16. auf den 17. Januar 1772 wollen die Verschwörer dem kranken König die angestammten Rechte zurückerobern. Zunächst hatte der Schatzmeister daran gedacht, vorzeitig nach Hamburg zurückzukehren. Er fürchtet jedoch, diese Abreise könnte als Schwäche gedeutet werden und geschäftliche Nachteile zur Folge haben. Daher beschränkt er sich darauf, seinem vernachlässigten Gutshof Lindenborg einen Besuch abzustatten. Er bleibt eine Woche und bedauert seine schnelle Rückkehr, denn der zuvor beschauliche königliche Hof hat sich in ein aufgeregtes Tribunal verwandelt. Struensee ist entmachtet und eingekerkert, Ankläger suchen nach Beweisen für eine umfangreiche Liste von Vorwürfen. Hochverrat, Staatsstreich, Beleidigung des Königs, Verführung der Königin, Bereicherung. Die Richter untersuchen, verhören, lassen foltern und finden die gewünschten Beweise.
Als der Henker Struensee am 28. April unter den neugierigen und zugleich auch schaudernden Blicken von 30000 Zuschauern zunächst die Hand und dann den Kopf abschlägt, prüft der Schatzmeister in seinem Kontor die ge-

rade eingegangenen Abrechnungen der Gewehrfabrik. Er kann sich nur mit größter Anstrengung konzentrieren, denn er ahnt, was zur gleichen Zeit auf dem nahen Osterfeld geschieht. Drei Mal schon hat er aus der Ferne ein nicht menschlich klingendes, eher an ein wütendes Raubtier erinnerndes Fauchen vernommen. Es seien sofort alle Fenster und die Vorhänge zu schließen, befiehlt er den Dienern. Aber trotzdem hört er noch zwei Mal das schreckliche Heulen aus 30 000 Kehlen.

„Es geschieht ihm Recht", sagt er laut. „Auch ein kranker König verdient Respekt." Obwohl noch nicht alle Rechnungen geprüft sind, schiebt er den unerledigten Stapel zur Seite, greift zur Feder und schreibt, ganz gegen seine Gewohnheit, mitten am Tag einen Brief an die Schatzmeisterin. Er berichtet von dem plötzlichen Kälteeinbruch und seinen schmerzenden Gelenken, erkundigt sich, ob die Erkältung der Tochter Julia behoben sei, empfiehlt möglichst häufige Besuche in Ahrensburg und Wandsbek, damit nicht der Eindruck entstehe, diese Besitzungen würden von der Herrschaft vernachlässigt. Erst am Schluss des Schreibens erwähnt er eher beiläufig, dass das Leben am Hof mit dem heutigen Tag endlich wieder seinen normalen Gang einnehmen werde und dass das irdische Dasein des armen, aber keineswegs schuldlosen Doktor Struensee ein schauriges Ende gefunden habe.

Nach wenigen Wochen kehren auch der jüngere und der ältere Bernstorff in ihre Ämter zurück. Es dauert allerdings längere Zeit, ehe die frühere Vertrautheit mit dem Schatzmeister wiederhergestellt ist; denn beide haben erwartet, dass sich Schimmelmann energischer für ihr Verbleiben einsetzen würde.

Kapitel 12

DIE KÖNIGIN

Die Scheidung des königlichen Paares war ähnlich hastig vollzogen worden wie Struensees Verurteilung. Schließlich hatte der Angeklagte zugegeben, mit der Königin „unzulässige Vertraulichkeit" ausgeübt zu haben. Dem Tod für den einen Schuldigen folgt die Verbannung für die hohe Sünderin.

Am 30. Mai 1772 geht Caroline Mathilde in Kopenhagen an Bord eines englischen Kriegsschiffes, das sie nach Stade bringt. Von dort führt die Reise weiter bis nach Celle. Das seit sieben Jahrzehnten als Residenz nicht mehr genutzte Schloss der Herzöge von Braunschweig-Lüneburg wird ihr neuer Wohnsitz. Der Empfang ist herzlich, die Bürger erhoffen sich durch den Zuzug einer zwar in Ungnade gefallenen, aber dennoch echten Königin einen wirtschaftlichen Aufschwung.

Das im Gegensatz zu den übrigen Zeitungen in den Herzogtümern nicht dem Altonaer Zensor unterworfene Hamburgische Correspondenz-Blatt berichtet ausführlich über die dramatischen Vorgänge am Kopenhagener Hof. Auch über die Verbannung der Königin nach Celle. Die Schatzmeisterin liest die Nachricht und wundert sich, dass ihr Mann nichts über diesen besonderen Teil der Tragödie berichtet hat. Als wären nicht 25 Jahre, sondern nur Monate vergangen, sieht sie im düsteren Turm der Festung Stolpen die verbannte Gräfin Cosel gebeugt über ihre Handarbeit. Mit Schaudern denkt sie daran, dass die Mätresse des Kurfürst-Königs August mehr als vier Jahrzehnte in ihrem Verließ verbracht hat, und sie hat nicht vergessen, wie gleichmütig der Schatzmeister die offenkundige Ungerechtigkeit hingenommen hat.

Beim Besuch auf Burg Stolpen, vor fast 25 Jahren, da hatte sie nicht gewagt, ihre Empörung über die Behandlung der Gräfin zu äußern, jetzt ist sie entschlossen, einer erneut so ruchlos Verjagten zur Seite zu stehen, vielleicht sogar dazu beizutragen, dass sie ihre rechtmäßige Stellung zurückerhält. Möglichst schon in allernächster Zeit will sie, notfalls ohne Wissen ihres Mannes, eine Reise nach Celle unternehmen.

Eine Tragödie verhindert die Verwirklichung dieses Planes zunächst. Aus Halle kommt die Nachricht, dass der zweitälteste Sohn Maximilian in seinem Studienort Halle an der Saale ertrunken ist. Sein Mentor, der Kieler Historiker Dietrich Hermann Hegewisch, stand am Ufer und konnte als Nichtschwimmer nicht helfen. Andere Bewohner der Stadt sahen untätig zu. Sie wussten, einmal im Jahr verlange der Fluss ein Opfer, und werde es ihm verwehrt, würde er in die Stadt eindringen und sich seine Beute holen.

Der Schatzmeister lässt den Leichnam an Bord eines Schiffes nach Hamburg bringen und in Ahrensburg bestatten. Unter den zahlreichen Beileidsbekundungen befindet sich auch ein Brief des preußischen Königs Friedrich. Er ist allerdings nicht direkt an die Leidtragenden gerichtet, sondern an den

Vertreter Preußens in Hamburg. In seinem Schreiben bedauert der König das Unglück, das „den guten Geheimrath von Schimmelmann“ getroffen habe, nutzt aber gleichzeitig die Gelegenheit, seinen Gesandten zu beauftragen, beim „guten Geheimrath“ Ersatz für den verloren gegangenen Sohn zu fordern. Mit der Überstellung des erst 16-jährigen Friedrich Traugott wäre er einverstanden.

Da die Geschäfte mit den preußischen Handelspartnern ohnehin zum Erliegen gekommen sind und vor allem die Schatzmeisterin das Anliegen des Königs so kurz nach der Grablegung des Sohnes als höchst unpassend bezeichnet, teilt Schimmelmann dem Gesandten mit, das Mitgefühl des gnädigen Königs Friedrich habe ihm und der Gattin wohlgetan. Die Trauer über den Verlust des geliebten Carl Maximilian sei jedoch noch derart groß, dass man über die Verwendung weiterer Söhne derzeit nicht entscheiden könne.

Diese Auskunft entspricht nur sehr bedingt der Wahrheit. In Wirklichkeit hat der Schatzmeister sich über die Verwendung des Friedrich Traugott durchaus Gedanken gemacht und ist zu dem Ergebnis gekommen, dass es gut wäre, ihn nicht in die Fremde zu schicken, sondern in der Nähe und damit im Auge zu behalten. Es hatten sich beim Sohn nämlich bereits in jungen Jahren charakterliche Defekte gezeigt, die weder von der Mutter und schon gar nicht vom Vater vererbt sein konnten. Pflichten, die ihm oblagen, erfüllt er nur nachlässig, Zusagen hält er nicht ein, wagt sogar Widerworte gegen die Mutter, gibt das ihm zur Verfügung gestellte Geld schon nach Tagen aus, obgleich es für einen ganzen Monat gedacht ist. Daraufhin borgt er sich beträchtliche Summen, die er nicht zurückzahlt, so dass sich die Gläubiger schließlich an den Schatzmeister wenden, der daraufhin einen so gewaltigen Zornesausbruch erleidet, dass die Gattin um seine Gesundheit fürchtet.

Trotz ihres Kummers denkt die Schatzmeisterin immer wieder an die verstoßene dänische Königin. Da sie ihren Mann nach dem Unglück und den damit verbundenen Trauerbekundungen häufiger als gewohnt gesprochen hat, ist es ihr gelungen, etwas mehr als das im Correspondenz-Blatt Berichtete über das Ende des Doktor Struensee und die Verbannung der Königin zu erfahren. Allerdings sind ihre Bemerkungen, dass viele der vom aufgestiegenen Medikus durchgesetzten Veränderungen durchaus als Verbesserungen anzusehen seien und beibehalten werden sollten, beim Gatten mit Zurückhaltung aufgenommen worden. Nicht günstiger, eher noch kühler ist seine Reaktion, als sie die Verfehlung der Königin verteidigt. Habe das abweisende Verhalten des kranken Christian sie nicht geradezu in die Arme eines Trost bietenden Freundes getrieben? Sei es nicht die Aufgabe eines Arztes, auch verletzte Herzen zu heilen?

Von einer Königin werde nun einmal selbst unter Leiden gründliche Pflichterfüllung erwartet, antwortet der Gatte mit einer Endgültigkeit, die erkennen lässt, dass er diese Angelegenheit nicht weiter erörtern möchte.

Für die Schatzmeisterin kann es nach diesem Gespräch keine Zweifel daran geben, dass ihr Mann alles versuchen würde, ihr eine Reise nach Celle auszureden, und sollte sie sich nicht fügen, würde er möglicherweise ein Verbot aussprechen, was er in den mittlerweile 25 Jahren ihrer Ehe bisher noch nie getan hatte. Um einen Konflikt zu vermeiden, lässt sie die Angelegenheit vorerst ruhen. Bleibt jedoch entschlossen, der Königin einen Besuch abzustatten.

* * *

Pünktlich zum Winterbeginn lässt der Schatzmeister Gepäckwagen und Kutsche rüsten, ist schon Tage vor der Abreise übelgelaunt und macht sich schließlich auf die lange quälende Reise nach Kopenhagen. Erst nach einem halben Jahr wird er zurückkehren.

Falls es ihre Gesundheit zulässt, besucht Caroline Tugendreich im Frühjahr den Gatten für einige Wochen. Nur in dieser Zeit zieht gleichzeitig Leben in das prunkvolle Palais an der Bredgade ein, und eine Festlichkeit folgt der nächsten. Schließlich gilt es zu beweisen, dass die Schimmelmanns zu Recht in der Nähe von Schloss Amalienborg residieren und mit den Bernstorffs und Reventlows und Bülows in einem Atemzug genannt werden. 180 hochrangige Gäste finden mühelos Platz im prächtig ausgeschmückten Saal, und wenn der Schatzmeister in gewohnter Genauigkeit am Ende der Festsaison die Kosten berechnet, ergeben sich 25 000 oder gar 30 000 Taler. Jedes Mal nimmt er sich daraufhin für das nächste Jahr größere Sparsamkeit vor.

Seinen ältesten Sohn hat der Schatzmeister sehr allmählich in die verzweigten Geschäfte seines Unternehmens eingeführt. Im Gegensatz zum Vater bereiten Ernst Schimmelmann die langen Reisen zwischen den beiden Kontoren in

Hamburg und Kopenhagen keine allzu großen Mühen. Caroline Tugendreich ist dankbar, wenn sie nicht alleine die Aufsicht über das große Haus und die Dienerschaft führen muss, sondern statt des stets fehlenden Gatten wenigstens den Sohn in der Nähe weiß. Mit ihm kann sie freier sprechen als mit dem strengen Schatzmeister, er begleitet sie mit offensichtlichem Vergnügen ins Theater, und er nimmt zuweilen sogar an den Vorlesungen der Poeten teil.
Anders als sein Vater hat Ernst Schimmelmann auch keine Scheu, über die dramatischen Ereignisse am Kopenhagener Hof zu berichten, für den Doktor Struensee empfand er zwar nicht allzu viel Sympathie, nennt sein Ende aber barbarisch und die Verbannung der Königin in höchstem Maße ungerecht. Die Schatzmeisterin pflichtet ihm zunächst vorsichtig bei, und als er einige Tage später erneut voller Empörung über Einzelheiten der Gefangennahme und Drangsalierung der Königin spricht, wirft sie betont beiläufig ein, man müsse der Gerechtigkeit wieder Bahn brechen.
Nur eine Woche später sitzen Mutter und Sohn in einer Kutsche, die auf schlechten Straßen Richtung Celle rollt. Der Vorschlag für die Reise kam von Ernst Schimmelmann, die Schatzmeisterin hatte bewusst zögerlich zugestimmt.
Erst am nächsten Tag erreichen sie ihr Ziel, für den Nachmittag sind sie im Schloss gemeldet. Anders als vor 25 Jahren in Stolpen, erwarten sie diesmal keine drohende Festung, keine Wache, kein Schlagbaum. Statt eines Kommandanten in Uniform, nimmt sie ein livrierter Bediensteter in Empfang, führt sie nicht durch dunkle, hallende Gänge, sondern erst durch einen gepflegten französischen Garten, dann durch

prächtige, Licht durchflutete Räume mit edlem Mobiliar und lackierten Parkettböden.
Caroline Mathilde empfängt ihre Gäste in dem mit roten Damasttapeten ausgekleideten Arbeitszimmer, dessen auffallendes Möbelstück ein Mahagoni-Schreibtisch ist. Sie trägt ein blaues Seidengewand, neigt zu Korpulenz und wirkt deutlich älter als ihre 21 Jahre. Sie begrüßt ihren Besuch freundlich und würdevoll zugleich.
Nachdem ein Bediensteter den Tee eingeschenkt und sich zurückgezogen hat, fragt die Gastgeberin so unvermittelt, dass beide Besucher erschrecken: „Sie bringen mir Nachricht von meinen Kindern?“ Da sie bei ihrer Frage die Schatzmeisterin anblickt, fühlt diese sich zur Antwort verpflichtet. Nach einem etwas zu langen Zögern sagt sie, zwar habe sie keine direkte Botschaft zu übermitteln, der Gatte habe ihr aus Kopenhagen jedoch nur Gutes über Gesundheit und Erziehung des königlichen Nachwuchses berichtet. Ganz offensichtlich ist die Königin von der Auskunft enttäuscht, schweigt nun ihrerseits etwas zu lange, fragt dann nach dem Verlauf der Reise, der Lebensweise in Hamburg, wird wieder etwas lebhafter, als die Schatzmeisterin nicht ganz wahrheitsgemäß besonders herzliche Grüße von ihrer Tochter Julia übermittelt.
Als der Diener erneut eintritt, um Tee nachzuschenken, schweigt die Gastgeberin zunächst und richtet dann an Ernst Schimmelmann auf Französisch die Frage, ob er im Auftrage seines Herrn Vaters etwas zu übermitteln habe. Die geradezu verschwörerisch leise Antwort, er dürfe die allerfreundlichsten Grüße ausrichten, ruft ein zweites Mal

Enttäuschung hervor. Sowohl die Schatzmeisterin als auch Ernst Schimmelmann fühlen sich zunehmend unbehaglich. Denn offensichtlich hat die Königin große Hoffnungen in ihren Besuch gesetzt, hatte vielleicht sogar geglaubt, der ihr als einflussreich bekannte Schatzmeister habe sich auf die Seite derer gestellt, die ihre Rückkehr nach Kopenhagen und Einsetzung als Regentin für den noch unmündigen Kronprinzen anstreben.
Die Teetassen sind noch nicht geleert, da erhebt sich Caroline Mathilde, entschuldigt sich mit der Bemerkung, sie fühle sich ein wenig unwohl, und der herbeigeeilte Diener geleitet die Besucher zum Ausgang.
Bereits vier Tage nachdem Mutter und Sohn nach Hamburg zurückgekehrt sind, erfährt der Schatzmeister in Kopenhagen von dem Besuch. Er hat bei Hofe beträchtliche Unruhe hervorgerufen, die sich erst legt, als Schimmelmann versichert, es habe sich um eine völlig persönliche Reise gehandelt, von der er nichts gewusst habe und die er keinesfalls billige. Mehrere Wochen lang schreibt er daraufhin keinen Brief an die Schatzmeisterin, die sich wegen dieses ungewohnten Schweigens zunächst große Sorgen um die Gesundheit des Gatten macht, schließlich aber den Grund erahnt.
Als er den Kontakt mit der Gattin wieder aufnimmt, berichtet Schimmelmann, er habe sichere Informationen dahingehend erhalten, dass er in Kürze mit der Verleihung des Elefantenordens rechnen könne. Mit dieser höchstmöglichen Auszeichnung werde endlich auch seine Rolle beim Zustandekommen des bereits so lange verhandel-

ten Vertrags über den Verzicht russischer Ansprüche auf Gebiete in den Herzogtümern gewürdigt. Seinen Ärger über die verheimlichte Reise nach Celle erwähnt er mit keinem Wort. Er schweigt auch darüber, dass sich die so lange ersehnte Ehrung deshalb verzögert, weil sich andere hochrangige Ordenträger dagegen wehren, dass ein zwar reicher, aber nicht standesgemäßer Emporkömmling ungebührlich erhöht werden soll.

* * *

Obgleich ihn das Gespräch mit der Königin enttäuscht hat, empfindet Ernst Schimmelmann ihre Verbannung nach wie vor als unwürdig, und mit Unterstützung seines Freundes August Henning unternimmt er mehrere Versuche, den englischen König zu bewegen, seiner Schwester die Rückkehr nach Kopenhagen zu ermöglichen. Georg III. aber unterstützt entsprechende Pläne nur halbherzig. Er hatte eine härtere Bestrafung der Königin verhindert, ihm ist es zum großen Verdruss des Schatzmeisters sogar gelungen, die stattliche Mitgift für die bei der Hochzeit 15-jährige Braut aus der dänischen Staatskasse zurückzuerhalten.
Für den Unterhalt in dem goldenen Käfig zu Celle erhält Caroline Mathilde jedes Jahr einen Betrag von 30 000 Talern, die der Bruder widerwillig zahlt. Bedauerlich genug, dass die 1766 aus Gründen der Staatsraison eingefädelte Kinderhochzeit ein so unwillkommenes Ende genommen hat. Jetzt möge die ärgerliche Angelegenheit in der mühsam vereinbarten neuen Form endlich zur Ruhe kommen.

Und dies geschieht auf natürliche Weise. Am 10. Mai 1775 stirbt Caroline Mathilde gerade 24 Jahre alt an Fleckfieber.

Kapitel 13

GOLDENE ZEITEN

In jungen Jahren hatte Heinrich Carl Schimmelmann mehrfach vom Krieg profitiert. 15 Jahre nach dem Frieden von Hubertusburg sprechen endlich wieder einmal die Waffen. Aus dem Heereslieferanten ist inzwischen ein Staatsmann geworden, der gleichzeitig Geschäftsmann geblieben ist.
Im dänischen Staatsrat ist der Schatzmeister zwar ein wichtiger Ratgeber für den kranken König, der gar keinen Rat, sondern lediglich seine Ruhe haben will, er ist aber nur für das Geld zuständig. Für Krieg oder Frieden sorgt der Kollege Andreas Peter Bernstorff. Wie einst der Doktor Struensee legt der für die Außenpolitik zuständige Minister dem inzwischen noch kränker gewordenen Christian vor, was zu unterschreiben ist, und der König hätte wohl selbst das eigene Todesurteil gebilligt.
Der Schatzmeister kennt sich in der Wirtschaft aus, nicht dagegen im Labyrinth der Politik. Als die Kollegen im Staatsrat schon davon ausgehen, dass die Engländer und Franzosen einmal mehr um die Vorherrschaft zur See streiten werden, deutet der Finanzminister die niedrigen Zuckerpreise in Frankreich als sicheres Zeichen für den Frieden. Er irrt sich, und das tut er gerne. Denn mit Kriegsausbruch bei gleichzeitiger Neutralität Dänemarks ziehen die Preise für Rohzucker so kräftig an, dass es für denjenigen, der Plantagen

besitzt und mit Rohzucker handelt, eine wahre Freude ist. Gedämpft wird diese Freude allerdings, wenn der Betreffende auch noch eine große Raffinerie besitzt, die mehr Rohzucker benötigt als die eigenen Plantagen liefern können. Da muss selbst der bewährte Prokurist Gondolatzsch einen Tadel hinnehmen, weil er 200 Fass Rohzucker zum neuen hohen Preis erworben hat. „Ich will und kann kein Geld zu den theuren Zucker-Preisen hergeben", teilt der Schatzmeister seinem treuen Gondolatzsch mit und ordnet an, die Arbeit in der Raffinerie durch Entlassungen so einzuschränken, dass kein teurer Rohzucker dazugekauft werden muss. Auch wenn Kriege ihre Nachteile haben, im vorliegenden Waffengang überwiegen für das Unternehmen Schimmelmann die Vorteile, jedenfalls solange sich Dänemark neutral verhält, wofür sich der Kollege Außenminister erfreulicherweise mit allem Nachdruck einsetzt. Denn da die Engländer und die Franzosen vor allem zur See Krieg führen, kommt die Handelsschifffahrt beider Länder weitgehend zum Erliegen, und die neutrale dänische Konkurrenz kann das Geschäft übernehmen. Die Werftarbeiter müssen Tag und Nacht zimmern, um die Neubauaufträge fertig zu stellen, englische und französische Reeder verkaufen zähneknirschend ihre nicht einsetzbaren Schiffe an die frohlockende Konkurrenz. Nicht nur die Waren, die aus den Kolonien nach Europa transportiert werden, erzielen, wie der Rohzucker, hohe Preise, auch der umgekehrte Weg, etwa zum britischen Teil Westindiens, bringt hohen Gewinn. Ob Salzfleisch, Mehl oder Bauholz, alles kostet in der Kriegszeit doppelt so viel wie in Friedenszeiten. Die dänische Wirtschaft blüht prächtig, und das Unternehmen Schimmelmann blüht mit.

* * *

Wann endlich kommt der Schatzmeister, heißt es ungeduldig in Hamburg, Ahrensburg und Wandsbek. Entscheidungen über Baumaßnahmen sind zu treffen, Geld ist zu bewilligen, die Kinder fragen nach dem Vater, die Schatzmeisterin fühlt sich einsamer denn je. Doch die im späten Frühjahr übliche Abreise aus Kopenhagen muss immer wieder verschoben werden. Vom frühen Morgen bis in die späte Nacht sitzt der Schatzmeister in seinem Kontor. Wenn ihm Kopf und Glieder schmerzen, lässt er sich bei gutem Wetter in den nahen Hafen fahren, bestaunt den Mastenwald, steigt in sein mit Kaffee, Tabak, Baumwolle, Indigo und Elfenbein bis unter die Decken gefülltes Packhaus, ermahnt einen Aufseher, die Waren sorgfältiger stapeln zu lassen.

Stundenlang hätte er auf einem der Baumwollstapel sitzen und alle Verpflichtungen vergessen können. Überall in der Stadt stinkt es erbärmlich, es stinkt auch bei den Festlichkeiten am Hofe. Im großen Packhaus dagegen mischt sich der Duft von Kaffee, von Gewürzen, von Tabak und den Hölzern zu einem wahren Wohlgeruch. Und wenn er für einen Augenblick die Augen schließt, glaubt der Schatzmeister auf einer seiner Plantagen zu sein. Er sieht Palmen, Zuckerrohrpflanzen, die sich im milden Wind biegen. Er sieht weiße Lagerhallen mit roten Dächern, und er sieht schwarze Menschen, die offensichtlich zufrieden vor ihren Lehmhütten sitzen. Vielleicht hätte er doch eine Reise nach St. Thomas oder St. Croix wagen sollen?

Im Kontor erwartet ihn schon dringend sein treuer Gondolatzsch. Mehrere Unterschriften sind zu leisten, und fast wäre der Termin für die Sitzung des Staatsrates versäumt worden.

14 Schiffe tragen in dieser Zeit den Namen Schimmelmann. Einige gehören dem Schatzmeister, andere sind ihm, einem Sohn oder der Schatzmeisterin zu Ehren benannt. Die Besitzer erhoffen sich das Wohlwollen des reichen Kaufmanns und einflussreichen Ministers, und sie erhoffen Glück für Schiff, Besatzung und Geschäfte. Nicht immer erfüllten sich diese Erwartungen. Die Fregatte „Grevinde Schimmelmann“ strandet an der schottischen Küste, die „Baronesse Schimmelmann“ in der Karibik und die „Graf Schimmelmann“ verschlingt ein Hurrikan bei Puerto Rico.

Neben Cholera, Pest und Fleckfieber ist eine neue Seuche ausgebrochen, die Gier. Selbst die Schatzmeisterin lässt sich anstecken. Von Ahrensburg aus verfolgt sie gespannt, ob die mit Kolonialwaren, darunter Puderzucker und Kaffee, beladende „Graf Ernst Schimmelmann“ unbeschadet in Amsterdam ankommt und meldet dem Gatten schließlich freudig die glückliche Rückkehr. Gleichzeitig erinnert sie ihn daran, dass er ihr bei einem unbeschadeten Ausgang der gefahrvollen Reise hundert Taler für „die Armen“ versprochen habe. Die Belohnung kann der Gatte mühelos zahlen, denn nachdem er Kosten und Einnahmen der

Fahrt berechnet hat, ergibt sich der sehr erfreuliche Reingewinn von 75 350 Talern.
Und so wie er der Tochter Julia und anderen Verwandten einen gut gewachsenen Mohren als Geschenk aus der Fremde mitbringen ließ, schenkt Schimmelmann der Gattin die eine oder andere Aktie und verspricht ihr hundert Taler vom Gewinn einer Schiffsladung, und die Schatzmeisterin versichert Ergebenheit, vermutet mit ironischem Unterton, dass sie nun wohl „balde die Capitalistin sein" werde. Nicht mehr allein über das Wetter, die Kinder und die Gesundheit berichten fortan die nach wie vor regelmäßig ausgetauschten Briefe, sie geraten beinahe zur Geschäftspost. Wie viel die ihr zugefallene „axcie" denn gerade Wert sei, möchte die Beschenkte wissen, und auch, ob die „Herzog Friedrich", von deren Ladung ihr vier Prozent zufallen sollen, schon unbeschädigt in Kopenhagen eingetroffen sei?

* * *

Für private Angelegenheiten ist in diesen Hochzeiten des Kommerzes wahrlich keine Zeit. Zumal gleichzeitig der Krieg im Äußeren und der Friede im Inneren aufrechterhalten werden müssen. Der plötzliche Tod des Sohnes Traugott im Pest verseuchten Kopenhagen kommt daher außerordentlich ungelegen, zumal er nicht nur zu Trauer, sondern auch zu Ärgernis führt. Der 22-Jährige hinterlässt einen Schuldschein in beachtlicher Höhe. 28 000 Taler muss Gondolatzsch an die Gläubiger überweisen, und es

ist nicht das erste Mal, dass der Schatzmeister den guten Namen der Familie durch Zahlungen von stattlichen Summen vor Beschädigung bewahrt.
Erfreulicher, wenngleich ebenfalls kostenreich sowie Kräfte zehrend ist eine weitere Familienangelegenheit. Zwar ist Tochter Julia erst 16 Jahre alt, doch sie verdreht schon jetzt jungen Männern gleich reihenweise den Kopf. Bereits mehrfach sind Heiratsanträge eingegangen. Bisher allerdings von ungeeigneten Bewerbern.
Der Baron legt allergrößten Wert darauf, dass der von ihm so mühevoll begonnene Aufstieg von seinen Kindern fortgesetzt wird. Der Haupterbe Ernst hat bereits in das Haus Rantzau eingeheiratet, sein jüngerer Bruder Friedrich hat die Verbindung zu den angesehenen Ahlefeldts hergestellt. Julia soll die besonders wichtigen Bande zu der Familie Reventlow knüpfen. Das ist nicht ohne Mühen zu bewerkstelligen. Zwar besteht zwischen der Tochter des Schatzmeisters und Friedrich Reventlow bereits ein sehr freundschaftliches Verhältnis, aber über eine Heirat haben nun einmal nicht die Kinder, sondern die Väter zu entscheiden. Und der alte Reventlow ist gegen die Verbindung. Allerdings nicht ernsthaft. Es geht ihm lediglich darum, die Mitgift in die Höhe zu treiben, schließlich kennt er das Ausmaß von Schimmelmanns Reichtum.
Also lässt er zunächst verbreiten, der Standesunterschied der beiden Familien sei für eine Heirat zu groß, eine Behauptung, die den Schatzmeister einmal mehr im Zorn erbeben lässt. Ist er nicht spätestens seit Auszeichnung mit dem Elefantenorden in den exklusiven Kreis

der Ritterschaft aufgenommen worden? Wäre es ihm bei Bedarf nicht möglich gewesen, den gesamten Besitz der Reventlows aufzukaufen? Ist seine Ernennung zum erblichen Lehnsgrafen nicht so gut wie beschlossen? Und strahlt sein Stern bei Hofe nicht heller als je zuvor, während der König seinem vollkommen ungeliebten einstigen Erzieher Detlev von Reventlow fast alle Ämter entzogen hat?
Nein und noch einmal Nein, er sei nicht bereit, obgleich er mühelos dazu in der Lage wäre, die Mitgift noch einmal wesentlich zu erhöhen. Zwei hartleibige und im Verhandeln geübte Kontrahenten stehen sich gegenüber. Der ansonsten zwischen Staaten vermittelnde jüngere Bernstorff und sogar der zwielichtige, von Dänemark und Russland gleichermaßen bezahlte Caspar von Saldern müssen eingeschaltet werden, um den Ehekontrakt zustande zu bringen. Am 16. August 1779 kann endlich auf Schloss Ahrensburg die Hochzeit gefeiert werden. Auf der Grundlage eines Vertrages, den keiner der beiden eigensinnigen alten Herren unterschrieben hat.

* * *

Zwar rufen die Geschäfte inzwischen besonders dringend, aber in Eile muss noch eine weitere private, dazu ausgesprochen erfreuliche Angelegenheit geregelt werden. Es gilt die Baronie Lindenborg zu erweitern. Nicht, weil dem Schatzmeister das ohnehin 8500 Hektar umfassende Gut nicht außreichend erscheint, sondern die Vergrößerung ist

Voraussetzung für eine neuerliche und leider zugleich auch abschließende Beförderung. Der lange ersehnte Titel „Graf" soll das Lebenswerk krönen. „In Anerkennung seines unermüdlichen Fleißes, womit er die königlichen Finanzen und den Handel des Reiches gefördert, und der bedeutenden Dienste, die er dem König und dem Lande geleistet." Guten Gewissens kann Christian die Urkunde unterschreiben, obgleich er wieder nicht liest, was er abzeichnet. Alles, was das königliche Dokument als Verdienst aufzählt, ist zutreffend. Der unermüdliche Fleiß genauso wie die Verdienste um das Zustandekommen des 1773 zu Zarskoje Selo mit dem Zaren geschlossenen Vertrages, der das dänische Reich ein letztes Mal vergrößerte.
Der für den Titel notwendige Landzukauf wird allerdings noch teurer als erwartet. 100 000 Taler sind für das an Lindenborg grenzende Gut Gudumlund zu zahlen. Weitere Kosten kommen später hinzu. Außer den beträchtlichen Ausgaben hat die ersehnte Beförderung sogar noch einen anderen nicht unbedeutenden Nachteil. Mit der Standeserhöhung wird der Schatzmeister zum Lehnsmann des Königs, besitzt dadurch zwar einige Steuervorteile, kann über den neuen Besitz aber nicht mehr nach Belieben verfügen.
Doch all dies nimmt der Schatzmeister klaglos in Kauf, denn nun endlich hat er sein Ziel erreicht. Er ist nicht nur ein reicher Mann, sondern aus dem Bürgersohn aus Demmin, dem die hochmütigen Hamburger einst das Bürgerrecht verweigerten, ist ein Graf im mächtigen dänischen Reich geworden. Und damit seine Erhebung auch äußerlich erkennbar wird, lässt er seinem bisher nur freiherrlichen

Wappen die Insignien derer von Rantzau und Ahlefeldt hinzufügen. Ein Ölgemälde zeigt ihn, wie er gesehen werden will: Ordengeschmückt in prächtigem Gewand mit einer Büste des Königs Friedrich V. einem Portrait der Gattin, einem livrierten Mohren und der Weltkugel.

Kapitel 14

AKTIEN UND SKLAVEN

Als er zum Lehnsgrafen befördert wird, ist Heinrich Carl Schimmelmann 55 Jahre alt. Er war nie ernsthaft krank und fühlt sich dennoch verbraucht. Denn seit beinahe 20 Jahren führt er ein doppeltes Berufsleben, das durch die weiten Entfernungen zwischen den Wohnorten und Kontoren zusätzlich erschwert wird. Er müsse sich mehr schonen, empfiehlt nicht nur die Schatzmeisterin. Auch die Ärzte fordern dringend mehr Verzicht auf das Geschäftliche, anderenfalls sei mit einer deutlichen Verkürzung des Lebens zu rechnen. Mehrmals hat er auch versucht, diese Ratschläge zu befolgen, doch schon nach kurzer Zeit ist er gescheitert. Alle wichtigen Büros, Fabriken, Plantagen werden zwar von Männern seines Vertrauens geleitet, von denen einige bereits seit der Dresdner Zeit in seinen Diensten stehen, aber jeder Prokurist verwaltet nur seinen ihm zugewiesenen Bereich. Und selbst dort muss Schimmelmann häufig genug mahnend oder gar tadelnd eingreifen.

Sie alle sind nur die Speichen in dem großen Rad, das allein der Schatzmeister zu drehen versteht. Lediglich der treue Gondolatzsch nimmt eine herausgehobene Stellung ein. Auch er hat Schimmelmann bereits bei den Geschäften mit dem preußischen Heer die Feder geführt und so viele nicht immer ganz einwandfreie Kontrakte abgezeichnet, dass sein

Herr ihm den dringenden Rat gab, nach dem Umzug von Dresden nach Hamburg seinen ursprünglichen Familiennamen Löser in Gondolatzsch zu ändern. Ein Jahresgehalt von lediglich 600 Talern weisen die Kontobücher aus, zusätzlich wird die schweigsame Treue des wichtigsten Prokuristen allerdings durch nicht verbuchte Belohnungen gewürdigt.

Als der Schatzmeister 32 Jahre alt war, da hatte er bereits einen äußerst gewinnbringenden Handel aufgebaut. Seinem Sohn Ernst dagegen mag er im gleichen Alter nur einen kleinen Teil des verzweigten Unternehmens überlassen. Zwar weiht er den Erben in wesentliche Zweige des Geschäfts ein, entdeckt bei der Kontrolle jedoch immer wieder zutreffende oder aber auch vermeintliche Nachlässigkeiten, korrigiert daraufhin mit eigener Hand, lässt gelegentlich seine Unzufriedenheit unverhüllt erkennen.

Bei seiner kürzesten Abwesenheit laufe so vieles aus der nun einmal notwendigen Ordnung, schreibt er dann an die Schatzmeisterin. Klagt gleichzeitig über allzu große Anforderungen am Hofe und in den Kontors, versichert nach einem ihn erschöpfenden Maskenball, dass er Festlichkeiten dieser leichten Art künftig meiden werde, hält sich jedoch nicht an das Versprechen, weil am Rande des ausgelassenen Treibens stets einträgliche Geschäfte vereinbart werden können.

Fast immer erscheint zu diesen Festlichkeiten auch der kranke Christian. Manches Mal allein, oft aber auch in Begleitung einer Maitresse. Im Voraus weiß nicht einmal sein neuer Leibarzt, wie sich der mittlerweile 30-jährige König aufführen wird. Er kann eine Stunde lang mit weit ausgebreiteten Beinen in einem Sessel sitzen und mit stumpfem Blick den Tanzenden zusehen. Bei anderer Gelegenheit beteiligt er sich ausgelassen an der Polonaise, erklärt lautstark den Damen der höchsten Gesellschaft, dass er sie beim kommenden Fest statt in einem blauen, unbedingt in einem roten Kleid zu sehen wünsche, und beschuldigt Minuten später den erschrockenen Hofmarschall, ihm gegenüber seine Pflichten als Mundschenk derart sträflich zu vernachlässigen, dass eine Entfernung aus dem Amt bald nicht mehr zu vermeiden sein werde.

Den Schatzmeister dagegen behandelt Christian noch immer auffallend respektvoll. Mit ihm spricht er vernünftig, erinnert sich mit erstaunlicher Genauigkeit an Beträge, über die im Staatsrat verhandelt wurde. Er lässt stets die Schatzmeisterin grüßen, fragt einmal sogar nach Zuckerpreisen und dem möglichen Schicksal eines seit längerem vermissten Schiffes.

Der Gesundheitszustand des Königs bestimmt ständig die Gespräche am Hofe. Wie einst bei Struensee treffen sich Verschwörer, Gerüchte wachsen und fallen wieder zusammen. Wäre doch der Kronprinz nicht erst elf Jahre alt. Wer könnte eine Regentschaft übernehmen? Nach dem nun plötzlich bedauerten frühen Tod der Caroline Mathilde gibt es keine Lösung. Man muss warten.

Der Schatzmeister geht den Gesprächen und Gerüchten aus dem Wege. Fragt ihn jemand zu direkt nach seiner Meinung, antwortet er ausweichend. Christian sei nun einmal der König, damit solle man sich abfinden. Ähnlich vage äußert er sich auch in seinen Briefen an die Schatzmeisterin, die ihm antwortet, vielleicht sei Christian überhaupt nicht krank, sondern habe nur gründlich die Geschichte von Shakespeares Hamlet studiert. Schimmelmann weiß zunächst nicht, was gemeint ist, erkundigt sich vorsichtig bei seinem Sohn Ernst nach Hamlets Charakter, mag jedoch keinerlei Übereinstimmung erkennen.

* * *

Der dänische Außenminister Bernstorff muss schwere Arbeit leisten. Allein kann das Königreich seine Neutralität nicht erhalten, es braucht Verbündete, und es gelingt tatsächlich etwas Ungewöhnliches: Russland, Schweden und Dänemark schließen sich zu einem „bewaffneten Neutralitätsbund" zusammen. Stärkste Kraft in diesem Bündnis ist Dänemark, das ſast allein den Handel mit den Kolonien beherrscht. Selbst mächtige Handelshäuser wie das Schimmelmannsche Imperium schaffen es bald allein nicht mehr, die Warenströme zwischen den Karibik-Inseln und Europa zu lenken. Größere Organisationen werden notwendig.
1798 wird daher in Kopenhagen die Königlich Westindische Handelsgesellschaft gegründet. Eine Aktiengesellschaft, an deren Spitze sechs Direktoren stehen. Einer von ihnen und natürlich der einflussreichste, ist der Schatzmeister Schimmelmann, der seinen Sohn Ernst zur Unterstützung heranzieht. Die Gesellschaft verdient nicht nur im Handel, sondern erhält Rechte, die zusätzliche Einnahmen bringen. Die Insel St. Thomas hat sich zum Handelszentrum Westindiens entwickelt. Die Preise sind in die Höhe geschossen.

Wer ein Haus mit vier Zimmern mieten will, muss monatlich 300 bis 400 Taler zahlen. Das entspricht dem Jahresgehalt eines Medikus. Der Hafen ist mit Schiffen überfüllt, die Gebühren und die Zolleinnahmen sind entsprechend hoch, und der Geldstrom fließt in die Kasse der Handelsgesellschaft. Zusätzlich darf die Gesellschaft gegen Zahlung von 20 000 Talern den in der gesamten Monarchie anfallenden Einfuhrzoll für Kaffee einstreichen.

Angesichts dieser Privilegien ist der Ansturm auf die 5 000 Aktien zu jeweils 100 Talern groß, die physischen Anforderungen an die Direktoren sind es auch, denn jedes Stück muss persönlich unterschrieben werden.

Obwohl Vater und Sohn Schimmelmann die königlichen Privilegien in ihrer Eigenschaft als Schatzmeister beziehungsweise als hoher Beamter vergeben haben, scheuen sie sich nicht, von den eigenen Wohltaten zu profitieren. Der Deputierte Ernst erwirbt gleich 200 Aktien, der Schatzmeister legt größten Wert darauf, die Zahl seiner Anteile nicht bekannt werden zu lassen. Die übrigen Direktoren verhalten sich nicht anders, kaufen sogar unter falschen Namen.

Ehe die Geschäfte zugunsten Dänemarks einen so überaus erfreulichen Aufschwung nahmen, war der für die Tropeninseln zuständige Generalgouverneur auch für alle den Handel betreffenden Entscheidungen zuständig. Der Mann sei mit dieser Aufgabe überfordert, entscheidet nun das Direktorium der Handelsgesellschaft und sendet einen eigenen Bevollmächtigten nach St. Thomas, ins neue Herz der Kolonialgeschäfte. Und um ganz sicher zu gehen, dass es auch der richtige Mann ist, trägt der Neue den allseits

geschätzten Namen Schimmelmann. Es ist ein ziemlich entfernter Verwandter des Schatzmeisters.
Der erinnert den frisch Beförderten daran, wie wichtig es sei, vor Begeisterung über die guten Preise für Zucker, Kaffee, Baumwolle und Tabak nicht den gewinnbringenden Sklavenhandel zu vernachlässigen. Er empfiehlt, man möge auf St. Thomas „beständig einigen Vorrath an Neegern“ auf einer möglichst günstig zu erwerbenden Plantage anlegen und daraus den Bedarf für die spanischen und französischen Inseln decken. Und um seinen Forderungen Nachdruck zu verleihen, schickt er ein weiteres Schreiben hinterher, das an Deutlichkeit nichts zu wünschen übrig lässt: „Der Sklavenhandel liegt mir sehr am Herzen… Da die französischen und spanischen Engländer sehr viele Sklaven nöthig haben, so sollte ich glauben, dass man dahin Sclaven verkaufen könnte, wenn die Pflanzer auf St. Croix keinen schicklichen und annehmlichen Preis bezahlen wollen.“
Der neue Bevollmächtige aus dem Haus Schimmelmann ist sehr bemüht, die Forderungen des Oheims zu erfüllen. Vorbei sind nämlich die Zeiten, in denen die aus Afrika angelieferten Sklaven oft nur mühsam zu verkaufen waren. Inzwischen hat sich Konkurrenz breit gemacht, ein Gezerre um die besten Stücke ist die Folge, und nicht immer bleibt die mächtige Handelsgesellschaft erfolgreich. Als im Juni 1781 die „Rio Volta“ von der afrikanischen Goldküste Guinea kommend mit einer Ladung von 360 Sklaven auf St. Croix eintrifft, erhält der Kammerrat Schwartzkopff den Auftrag, 200 wohlgewachsene Sklaven zu erwerben, für höchstens 275 Taler das Stück.

Besonders im französischen Santo Domingo werden die Arbeitskräfte dringend benötigt. Seit Kriegsbeginn schon ist dort keine menschliche Ware angeliefert worden, und die Preise sind hoch wie nie zuvor. Prächtiger Gewinn ist also für die königliche Handelsgesellschaft zu erwarten. Zwei ihrer Schiffe liegen reisefertig im Hafen, um die erhoffte Fracht an Bord zu nehmen. Umso größer ist daher die Enttäuschung, als der Kammerrat mit völlig leeren Händen heimkehrt und von seinem unverschuldeten Missgeschick berichtet. Bei der Eröffnung des Verkaufs habe er bereits 60 gute Männer und 19 Frauen ausgesucht. Doch es sei der Befehl gekommen, dass alle schon erworbenen Sklaven wieder zurückgegeben werden müssten, weil ein Unternehmen bereits im Vorwege 200 Stück gekauft habe und diese Partie daher auswählen dürfe. Da er den Auftrag erhalten habe, nur gute Qualität zu erwerben, die aber unter den restlichen 160 Männern und Frauen nicht erkennbar gewesen sei, habe er auf einen Einkauf ganz und gar verzichtet.

Das ist zwar die richtige Entscheidung, zumal ihm zugesagt worden war, dass er bei der nächsten Sklaven-Ladung als Erster zugreifen dürfe. Dennoch ist der neue Handelsbeauftragte dankbar, dass der Schatzmeister in seiner Eigenschaft als Direktor der Westindischen Handelsgesellschaft und auch als Großaktionär von dem Missgeschick nicht sogleich erfährt. Er hätte nämlich in seiner gewohnt tadelnden Art gefragt, warum die Angelegenheit nicht besser vorbereitet worden sei. Schließlich seien es Regierungsvertreter, die über den ersten Zugriff im Sklavenkauf

zu entscheiden hätten, und da müsse man doch wohl erwarten, dass sie die königliche Handelsgesellschaft bevorzugen, statt hintan zu setzen.
Eine Erwiderung hätte er wie gewohnt nicht gelten lassen, obwohl er weiß, dass die privaten Unternehmer auf den Inseln wiederholt Protest erhoben haben, weil sie sich im Wettkampf mit der privilegierten königlichen Handelsgesellschaft benachteiligt fühlen.
Bei der nächsten Anlandung von frischer Sklavenware aus Afrika verhalten sich die Regierungsvertreter dann so, als hätten sie wirklich einen Tadel des Schatzmeisters empfangen. Der Kammerrat Schwartzkopff darf, wie versprochen, als Erster die menschliche Ladung inspizieren. Wie er feststellen muss, handelt es sich diesmal leider um „minderwertige Qualität", und obwohl auf Santo Domingo wirklich dringend Sklaven benötigt werden, kann die von der Handelsgesellschaft gelieferte Ware nur schleppend und nicht besonders gewinnbringend verkauft werden.

* * *

Der Handel mit Sklaven ist nur ein Teil im Wirtschaftsunternehmen des Schatzmeisters, wenngleich ein wesentlicher. Schimmelmann verdient in vielen anderen Bereichen. Er ist Großaktionär der Westindischen Handelsgesellschaft, besitzt Aktien der Guineischen Handelsgesellschaft, die an der afrikanischen Goldküste am Ankauf der von weißen Händlern und schwarzen Häuptlingen aus dem Landesinneren herantransportierten Eingeborenen beteiligt ist. Die Zahlungsmittel stammen aus Schimmelmanns Produktion. Aus seinen Webereien, aus der Gewehrfabrik. Ist die menschliche Fracht auf einer der westindischen Inseln angekommen, hat Schimmelmann am Transport verdient, denn er hat die Schiffe gechartert oder sie gehören ihm. An den Sklaven, die für die eigenen Plantagen gebraucht werden, verdient er, weil es kostenlose Arbeitskräfte sind. An denen, die er weiterverkauft, verdient er besonders gut.

Der Sklavenhandel ist ein vorzügliches Geschäft, das jedoch nicht nur Einnahmen bringt, sondern auch mit Risiken und Verlusten verbunden ist. Die Sterberate während der Überfahrt von Afrika nach St. Thomas, St. Croix oder St. John ist hoch, beträchtlich sind auch die Versicherungsbeiträge für Schiffe und Ladung. Da häufig Schiffe verloren gehen, ist es schwierig, überhaupt „Assicurancen" aufzutreiben, denn die Ladung ist wertvoll. Als die gerade in Eile fertig gestellte „Graf Ernst Schimmelmann" im Sommer 1780 von Kopenhagen nach St. Thomas aufbricht, sind die Laderäume vollgestopft mit Weizenmehl, Butter, Ochsenfleisch, gesalzenem und geräuchertem Speck, jütischen Heringen, Bier, Gewehren, Pistolen, Säbel und Leinwand für die Herstellung von Kaffeesäcken. Diesmal verläuft die Reise ohne Zwischenfälle. Nach elf Monaten kehrt die Fregatte, voll beladen mit Puderzucker und Kaffee, nach Amsterdam zurück.

Der Gewinn ist derart hoch, dass der Schatzmeister auf der Eckernförder Werft Christian Bruyn für 17 000 Taler sofort ein neues Schiff bauen lässt. Er tauft es zu Ehren der Gattin

auf den Namen „Tugendreich", chartert noch zwei weitere Schiffe und schickt sie voll beladen in die Karibik. Kaffee vor allem sollen sie auf der Rückreise mitbringen, denn der erzielt in Europa Preise wie nie zuvor.
Schriftlich teilt Schimmelmann seinem an der Reise teilnehmenden Agenten mit: „Ich hoffe ganz sicher, dass sie sich alle ersinnliche Mühe geben werden, mein Verlangen zu erfüllen. Wenn es auch nicht alles feiner und neuer, wenn es nur Caffe ist". Eile tut Not, denn es halten sich Gerüchte, dass Frieden drohe. Die Packhäuser am Kopenhagener Hafen quellen bereits über, zusätzliche müssen gebaut und Lagerhallen angemietet werden.
Inspiziert der Schatzmeister bei einem der immer knapper ausfallenden Spaziergänge die angelieferten Waren, empfindet er Freude und Sorge zugleich. Angesichts der vorzüglichen Preise muss die Nachfrage erfüllt werden. Aber sollte nach einem Ende des Krieges die dänische Neutralität verloren gehen, würden die Preise fallen und teuer eingekaufte Waren müssten billig abgegeben werden. Man darf daher nicht zu viele Vorräte ansammeln, aber natürlich auch nicht zu wenige. Nur sich selbst traut Schimmelmann zu, das rechte Maß zu erkennen.
Wer will in dieser heiklen Lage an Abreise nach Ahrensburg denken. Welcher Kapitän vertraut sein Schiff in gefährlichen Gewässern Untergebenen an? Immer wieder wird daher die in normalen Zeiten auf den Sommeranfang festgelegte Rückkehr zur Familie verschoben. Vergeblich drängt die Schatzmeisterin, berechtigte Sorge spricht aus den Zeilen des Sohnes: „Sie haben sich so sehr für die Geschäfte auf-

geopfert, dass es wohlnötig wäre, sich von so vieler anhaltender Mühe und Arbeit auf einige Zeit zu erholen…"
Ahnen sie, dass es der letzte Sommer des Schatzmeisters werden sollte?

Kapitel 15

DAS ENDE

Erst Ende Juli lässt der Schatzmeister die Kutsche zur Reise nach Wandsbek packen. Doch die Geschäfte können nicht zurückbleiben. Die Aktien dürfen keinen Augenblick aus den Augen verloren werden. Für ihre Betreuung sorgen im Kopenhagener Kontor der in jüngster Zeit zunehmend in die verschiedenen Unternehmungen eingeweihte Sohn und der verschwiegene Gondolatzsch.

Die Reise quält den Schatzmeister mehr noch als in früheren Jahren. Im Innern des Fahrzeuges herrscht eine Gluthitze, die das Atmen schwer macht. Drei Mal muss in lauten und ebenfalls heißen Gasthöfen übernachtet werden. Hinzu kommen mehrere ärgerliche Zwischenfälle. Kurz vor dem Erreichen der Anlegestelle für die Seereise über den Großen Belt bricht ein Rad. Nach dem zeitraubenden Übersetzen ist die georderte Kutsche nicht zur Stelle, die andauernde Trockenheit hat die Straßen derart ausgedörrt, dass der durch Reiter und Fahrzeuge aufgewirbelte Staub die Sicht vernebelt und sich so dick über Menschen und Tiere und Wagen legt, dass man meinen könnte, nicht Kutschen, sondern mächtige Sandhügel bewegten sich in den kaum noch erkennbaren Fahrspuren.

Die Schatzmeisterin ist bestürzt, als sie den Gatten in Empfang nimmt. In dem halben Jahr seit seiner Abreise scheint er um Jahre gealtert. Sein Gesicht ist eingefallen, die geröteten Augen blicken matt und müde, und der gebeugte Gang wirkt greisenhaft. Auf teilnahmsvolle Fragen nach seinem Befinden und dem Verlauf der Geschäfte antwortet er ganz gegen seine gewohnte Art mürrisch, und erst nach zwei Tagen berichtet er über die Hindernisse bei der Reise, den günstigen Handel mit den karibischen Inseln, und er schildert sogar, wie ausgelassen der kranke Christian beim jüngsten Maskenball getanzt habe. Zwei weitere Tage später scheint der Schatzmeister seine alte Energie wieder gefunden zu haben. Er lässt anspannen und fährt ins Hamburger Palais, wo zahlreiche Dokumente auf seine Unterschrift warten. Auch trifft er sich mit seinem Baumeister Horn, um über den Fortgang der Arbeiten am Wandsbeker Schloss zu sprechen und liest am Abend in den Briefen, die seine Tochter Julia aus Stockholm geschickt hat, wo ihr Gatte Fritz Reventlow als dänischer Gesandter residiert.

Da die Hitze etwas nachgelassen hat, erfüllt er auch den sehnlichen Wunsch der Schatzmeisterin und erklärt sich zu einer Ausfahrt bereit. Man fährt zum Elbufer, spaziert in Begleitung eines Dieners wohl eine Stunde in der frischen Brise, entdeckt sogar ein gerade auslaufendes Schiff der Westindischen Kompanie und ist sich nach der Rückkehr einig, dass ein solcher Ausflug sobald wie möglich wiederholt werden soll.

Doch schon am nächsten Tag bringt ein Bote aus Kopenhagen Papiere, die Entscheidungen verlangen und keine Zeit für weitere Vergnügungen gestatten. Der Aktienmarkt erfordert höchste Aufmerksamkeit, denn Ernst Schim-

melmann meldet enormen Ansturm auf die Aktie der erst vor kurzem gegründeten Guineischen Kompanie. Ob man nicht 5000 der noch zurück gehaltenen 15000 Aktien zum Verkauf freigeben solle?
Genau so groß ist die Nachfrage nach Aktien der westindischen und der asiatischen Kompanie. Denn dänische Kaufleute treiben nicht nur Handel mit den Inseln der Karibik, sondern auch mit Indien, von wo billige Textilien importiert werden.
Natürlich besitzt der Schatzmeister auch asiatische Aktien. Wer sehen kann, der sieht, wie die Schiffe ihre hochwertigen Waren in Hamburg, Amsterdam und Kopenhagen entladen. Jeder Sack Kaffee, jeder Ballen Tabak und jedes Fass Zucker enthalten Gewinn. Man will teilhaben, solange noch Krieg herrscht und die neutralen dänischen Schiffe einigermaßen gefahrlos die Meere kreuzen.
Im Staatsrat spricht Bernstorff immer öfter von einem bald möglichen Frieden zwischen England und Frankreich. Die Folge wäre ein Kursverfall. An Gondolatzsch kommt daher aus Ahrensburg die ebenso geheime wie dringende Order, umgehend Aktien zu verkaufen, obwohl die Kurse noch weiter steigen. Und der Schatzmeister hat einmal mehr richtig spekuliert. Das Geschäft ist noch nicht ganz abgewickelt, da sinken die Kurse, und Gondolatzsch muss seinem Herrn melden, dass gegenwärtig kaum noch etwas zu verkaufen sei.
Die Zeiten werden zunehmend unruhiger, und der Schatzmeister befürchtet trotz des lebhaften Austausches von Anfragen und Antworten, von wichtigen Entscheidungen

ausgeschlossen zu sein. Obwohl er später als gewohnt Kopenhagen verlassen hat, kehrt er schon im November und daher früher als üblich in die Hauptstadt zurück. Vergeblich hatte Caroline Tugendreich versucht, den noch immer nicht erholten Gatten wenigstens zum Weihnachtsfest in ihrer Nähe zu halten. Die ständigen Trennungen ist sie zwar gewohnt, diesmal fällt ihr der Abschied jedoch besonders schwer. Sie blickt der Kutsche nach, bis sie das Hoftor verlassen hat, und bemerkt erst dann ihre Tränen.

* * *

Der Tod des Schatzmeisters am 15. Februar 1782 kommt überraschend.

Unwohl hat er sich schon seit der vorzeitigen Rückkehr nach Kopenhagen gefühlt. Erstmals hat er sogar daran gedacht, alle seine Ämter aufzugeben und sich zur Ruhe zu setzen. Was sollte dagegen sprechen? Der älteste Sohn ist in die wesentlichen Geschäfte eingeweiht, bekleidet bereits einflussreiche Positionen in den Handelskompanien und in der königlichen Regierung. Über einige Schwächen kann man hinwegsehen. Ihm zur Seite steht außerdem der treue und verschwiegene Gondolatzsch. Aber wer weiß, ob die Treue Bestand hat, wenn die starke ordnende Hand durch eine deutlich schwächere ersetzt wird? Hatte sich nicht erst bei den jüngsten Aktiengeschäften gezeigt, dass es sowohl dem Sohn als auch dem Prokuristen noch immer an Erfahrung bei der Einschätzung von Risiken mangelt? Wahrscheinlich hätten sie nicht rechtzeitig verkauft und damit erheblichen

Schaden angerichtet. Und wie viele Geschäfte kommen nur deshalb zustande, weil er im Staatsrat nützliche Informationen erhält, und wie oft hat er in seiner Eigenschaft als Finanzminister Beschlüsse unterstützt, die ihm als Unternehmer erhebliche Vorteile bringen.
Nein, für einen Rückzug ist es zu früh, er muss durchhalten, vielleicht noch ein Jahr.

* * *

Am 6. Februar nimmt der Schatzmeister widerwillig an einem Festmahl der benachbarten Bernstorffs teil. Nachdem die Tafel aufgehoben ist, ziehen sich die Herren ins Raucherzimmer zurück, und hier fühlt er sich plötzlich derart übel, dass ihn zwei Bedienstete in einer Sänfte nach Hause bringen müssen. Arme und Beine schmerzen wie nie zuvor. Der herbeigerufene Medikus kommt zu der Diagnose, ein Gichtanfall deute sich an. Er hinterlässt ein schmerzstillendes Pulver und verspricht schnelle Besserung. Am nächsten Morgen fühlt sich der Patient zwar sehr matt, begibt sich jedoch, etwas später als gewöhnlich, ins Kontor, wo bereits zwei Kaufleute auf ihn warten. Gegen Mittag kehren die Schmerzen zurück. Heftiger noch als am vorangegangenen Abend. Jetzt sei die schon angekündigte Gicht ausgebrochen, erklärt der Arzt. Der Höhepunkt sei wohl erreicht. Bald würden die Schmerzen nachlassen. Doch sie steigern sich, hinzu kommt ein schweres Fieber, und der Schatzmeister fällt in einen tiefen Schlaf. Im Zimmer nebenan wachen nun schon drei Ärzte. Der

Schlaf werde Heilung bringen, versichern sie. Es sei die Gicht. Acht Tage sind seit den ersten heftigen Schmerzen vergangen, der Kranke erwacht und schläft wieder ein, wirkt gestärkter, um kurz darauf völlig ermattet ins Kissen zurückzusinken.

Die Ärzte blicken jetzt sorgenvoller. Es sei doch nicht allein die Gicht, sagen sie nun.

Ernst Schimmelmann weicht nicht mehr von der Seite des Vaters. Am neunten Tag sehen alle, dass es keine Hoffnung mehr gibt. Der Schatzmeister spricht nicht mehr, zeigt plötzlich unter größter Anstrengung auf einen Umschlag, der schon seit Tagen auf einem Tisch neben dem Bett liegt. Im selben Augenblick als Ernst Schimmelmann das Couvert an sich nimmt, stirbt der Schatzmeister. Er wurde 57 Jahre und sieben Monate alt, hinterlässt die Gattin Caroline Tugendreich mit fünf Kindern und ein Vermögen, das nur von dem Besitz des Königs übertroffen wird.

Als sich die Nachricht vom Tod des Schatzmeisters in Kopenhagen verbreitet, läuten die Kirchenglocken und fallen die Aktienkurse. Ein bedeutender Mann sei dahingegangen, so heißt es. Die Kopenhagener Kaufmannschaft erinnert in einer von 33 Firmeninhabern unterschriebenen Beileidsbekundung daran, dass der Verstorbene die „Schiffahrt ausbreitete und uns Wege zu den entferntesten Inseln bahnte, die vorher nie durch unsere Schiffe waren besegelt worden." Selbst „am Rande des Grabes arbeitete er noch … an Erweiterung der Fischereyen und anderen Entwürfen zum Nutzen des Staates und zum allgemeinen Wohl". Der König überreicht Ernst Schimmelmann einen Ring mit der latei-

nischen Inschrift, dass die Verdienste des Vaters auch die Verdienste des Sohnes seien.
Es gibt allerdings auch Störenfriede. Schließlich ist der Schatzmeister wie der noch keineswegs vergessene Graf Struensee ein Deutscher. Und hat sich nicht wiederholt gezeigt, dass er keineswegs nur an das Wohl des Staates, sondern auch an den eigenen Vorteil dachte? Dänemark würde „um Millionen weniger arm sein", wenn es den Verstorbenen nie gegeben hätte, so heißt es böse in den Berliner „Wöchentlichen Nachrichten", und der Verfasser wundert sich außerdem, dass ausgerechnet die vom Schatzmeister oft genug übervorteilten Kaufleute der Familie Schimmelmann eine Dankschrift übermittelt haben.
Bis zur Fertigstellung der in Wandsbek geplanten Grabkapelle findet der Schatzmeister in der Kopenhagener St. Petri Kirche seine vorläufige Ruhe.
In dem Couvert, das ihm der Vater in der Todesstunde zukommen ließ, erwartet Ernst Schimmelmann Anweisungen für den Ablauf der Totenfeier. Doch als er den Umschlag öffnet, überrascht ihn der Inhalt. Er besteht nur aus einer am Lederband befestigten Münze mit dem Portrait des römischen Kaisers Hadrian. Bei ihrem Anblick erinnert sich der künftige dänische Finanzminister und Kaufmann an die Geschichte des Geldstückes, die ihm der Vater vor vielen Jahren erzählt hat. Dabei lässt er nachdenklich das schon brüchige Lederband durch die Hände gleiten, betrachtet kurz die am Rand bereits blank geschliffene Münze und legt das rätselhafte Amulett in eine mit allerlei Tand gefüllte Schublade.

Kapitel 16

DAS TESTAMENT

Bei der Verteilung seines Erbes ist der Schatzmeister so gründlich vorgegangen wie bei der Anhäufung seines Vermögens. Mehrfach hat er an seinem Testament Änderungen vorgenommen und es sicherheitshalber in Hamburg und in Kopenhagen hinterlegt.

Am 3. April 1782 versammeln sich die Erben vor dem Königlichen Dänischen Legationsrat Christian August Kunad in Hamburg und warten mit einiger Gespanntheit auf die Einzelheiten des letzten Willens. Keine Überraschung ruft die Verteilung der Güter hervor. Ernst soll Lindenborg erhalten, Friedrich bekommt Ahrensburg zugesprochen, und dem erst 15-jährigen Christian fällt Wandsbek zu. Alle drei dürfen sich außerdem mit dem vom Vater mühevoll verdienten Grafen-Titel schmücken. Die beiden Töchter Julia und Caroline nennen sich nun Comtesse. Auch sie genießen standesgemäße Wohnsitze. Als Caroline den Reichsgrafen Friedrich Baudissin ehelichte, kaufte der Schatzmeister ihnen das Gut Knoop, und Schwester Julia darf auf Gut Emkendorf Hof halten, das der herrische Detlev Reventlow seinem Sohn Fritz hinterlassen hat. Die Schatzmeisterin erbt das Hamburger Palais.

Dies allein sind durchaus ansehnliche Geschenke, die bei den Erben dennoch nur mäßige, bei einigen sogar keine Begeisterung hervorrufen. Gewünscht werden nämlich nicht nur Sachleistungen, sondern es besteht dringender Bedarf an Barem. Vor allem bei dem leichtlebigen frischen Grafen von Ahrensburg. Mit seinem jung verstorbenen Bruder Traugott hat Friedrich Schimmelmann eines gemeinsam, das ist die Neigung, deutlich mehr Geld auszugeben, als vorhanden ist. Zum Verdruss des ordentlichen Vaters leider nicht für Investitionen in Geschäfte, die schließlich Gewinn einbringen, sondern allein für fröhliche Feste und allem, was damit in Verbindung steht. Beachtliche 73 000 Reichstaler haben sich auf diese Weise an Schulden aufgetürmt. Und zwar mühelos, denn seinen Gläubigern konnte Friedrich als Sicherheit stets den Schatzmeister nennen. Der Vater habe ihm versprochen, für einen beachtlichen Teil der Verpflichtungen aufzukommen, in gleicher Höhe, wie er es beim ebenso leichtfertigen Sohn Traugott getan habe, so jedenfalls versichert Graf Friedrich vor dem Testamentsvollstrecker. Der blickt auch pflichtbewusst in die Dokumente, kann jedoch beim besten Willen keine entsprechende Zusage finden und lehnt eine Auszahlung der vorrangig erwünschten 23 000 Taler daher ab.

Öffentliche Schande droht dem guten Namen Schimmelmann, bescheiden einmütig die restlichen Erben und empfehlen, der neue Herr von Ahrensburg möge eine Hypothek auf sein gerade erworbenes Schloss aufnehmen und damit die Forderungen der Gläubiger erfüllen.

Es scheint, der Schatzmeister habe geahnt, dass einige seiner Erben nur darauf warteten, zügig in die von ihm zu Lebzeiten sorgfältig bewahrte Kasse greifen zu können. Deshalb hat er sie fest verschlossen. Bares ist so gut wie nicht vorhanden, jedenfalls nicht in größeren Mengen. Nur der verschwiegene Gondolatzsch weiß, dass sich das Vermögen auf mindestens fünf Millionen Taler beläuft, eher deutlich mehr als weniger. Doch der Getreue aus dunklen Dresdner Tagen schweigt, und auch dafür hat ihn sein Patron im Testament bedacht. Er soll auf Lebenszeit im Kopenhagener Palais als Verwalter des Unternehmens tätig bleiben.

Hat der Schatzmeister geahnt, dass die Erben mehr an den eigenen Vorteil als an den Erhalt seines Lebenswerks denken würden? Das im Testament bestimmte Fideikommiss legt fest, dass die Zuckerraffinerie, die Gewehrfabrik, die Plantagen in Westindien und das Palais in der Bredgade eine gemeinsame Firma bleiben müssen. Nichts darf verkauft werden. An der Spitze stehen als Direktor der älteste Sohn Ernst und ihm zur Seite als Mitdirektor sein Schwager Graf Baudissin. Vom Gewinn sollen jedes Jahr 64 000 Taler an die fünf Erben gezahlt werden. Für jeden jeweils 12 000 Taler und für den Direktor ein kleiner Zuschlag – allerdings erst dann, wenn ein Reserve-Fonds in Höhe von 400 000 Talern angesammelt ist.

Mit gewohnter Genauigkeit hat der Schatzmeister alle weiteren Einzelheiten festgelegt. Was eine Witwe erhält, auf wie viel sie bei einer neuen Heirat verzichten muss, wie Silber, Juwelen und Wein aufzuteilen sind, und falls eine Seuche alle Nachkommen dahinrafft, soll auf dem Gelände der Gewehrfabrik ein „Gräflich Schimmelmannsches Erziehungsinstitut" entstehen, in dem Kinder „zu nützlichen Bürgern des Staates" erzogen werden.

Allen Nachkommen beschert die Testamentseröffnung ein zumindest finanziell sorgenfreies Leben. Aber sind sie wirklich zufrieden? Äußerlich ja, doch daheim im stillen Kämmerlein grämen und sorgen sie sich. Wird man bald Not leiden? Die Schlösser und Palais mit ihren Bediensteten verschlingen große Summen. Kutscher und Pferde, Feste und Handwerker sind zu bezahlen. Müsse man etwa Einschränkungen vornehmen und damit den Eindruck erwecken, der gute Name Schimmelmann habe durch den Tod des Schatzmeisters an Glanz eingebüßt?
Bald sind erste Unstimmigkeiten untereinander nicht mehr zu verheimlichen. Der 400 000 Taler-Fonds sei ja leider vorgeschrieben, aber wäre es nicht empfehlenswert, ihn so schnell wie möglich auf die vorgeschriebene Höhe zu bringen, um die Gewinne des Unternehmens genießen zu können? Es wäre sinnvoll, sagen die einen. Man müsse das Testament beachten, erwidern die anderen, und dort werde eindeutig bestimmt, dass der Fonds nicht sofort, sondern langsam durch die Gewinne aufzufüllen sei.
Wenn man wenigstens Hand auf die ebenfalls zur Erbmasse gehörenden Aktien legen könnte. Sie ließen sich zurzeit gewinnbringend verkaufen. Doch der Testamentsvollstrecker muss die Ungeduldigen zügeln. Es gebe noch Unklarheiten zwischen dem Hamburger und dem Kopenhagener Kontor. Es bestünden auch noch Forderungen von Geschäftspartnern, denen der Schatzmeister Zahlungen zugesagt habe. Der allwissende Gondolatzsch prüfe derzeit alles sehr sorgfältig. Gondolatzsch, immer wieder Gondolatzsch. Gehört nicht zur Familie und erweckt den Eindruck, alle Fäden in

der Hand zu haben. Er möge dankbar sein, dass ihn sein einstiger Herr derart fest im Testament verankert hat.
Und noch über einen längeren Zeitraum bleibt das Bare bei allem Reichtum knapp. Daraus ergeben sich Peinlichkeiten, die in den gehobenen Kreisen nicht unbemerkt bleiben. Als die für ihre Spielleidenschaft bekannte Caroline nach dem Vorbild der leichtsinnigen Brüder Traugott und Fritz einen stattlichen Schuldenberg von 200 000 Talern Höhe errichtet, muss das Gut Rixdorf verkauft werden, um den am Spieltisch verursachten Verlust begleichen zu können.

Kapitel 17

DIE ERBEN

Ob er in der Kutsche saß, ob im Staatsrat oder an der königlichen Festtafel, der Schatzmeister war in Gedanken immer bei seinen Geschäften. Nur er wusste, in welchem Hafen seine Schiffe lagen, welche Ladung sie an Bord hatten und wann sie die Heimreise antreten würden. Im Groben hatte er auch die Bilanzen aller Plantagen im Kopf. Er kannte den Stand der einzelnen Aktien, und er wusste, bis zu welchem Zeitpunkt mit der Begleichung einer höheren Rechnung gewartet werden könne. Termine für wichtige Treffen musste er sich nicht notieren, weil er sie im Gedächtnis behielt. Und er hegte keinen Zweifel daran, dass nach seinem Ableben vieles anders werden würde. Schließlich hatte er seinen ältesten Sohn Ernst lange genug beobachtet.

Nach Rückkehr aus der Schweiz hatte der Hofmeister dem Vater heimlich zukommen lassen, was sein Zögling in Erinnerung an Rousseaus Naturschilderung zu Papier gebracht hat. „Wie der Geist der Liebe im Hauche des Frühlings die Blumen erweckt, so sprießt er empor, die junge Eiche …" Der Schatzmeister war zutiefst erschrocken, als er diese Zeilen las, tröstete sich aber mit der Hoffnung, im Laufe der Zeit würden sich die Schwärmereien für Dichtung und Philosophie und Musik geben. Doch diese Erwartungen wurden enttäuscht.

Zwar müht sich der Erbe, die Hoffnungen des Vaters zu erfüllen, widmet sich eifrig den ihm zugeteilten Pflichten, nimmt auch die vom Vater ausgehandelten Aufgaben bei Hofe wahr, all dies aber tut er nur mit halbem Herzen. Sowie es die Zeit erlaubt, flüchtet er aus dem Kontor in sein Landhaus Seelust, nahe dem weißen Strand am Öresund. Hier trifft er sich mit Gleichgesinnten, mit dem Dichter Friedrich Leopold Stolberg und anderen romantische Verse schmiedenden Poeten.

Das Unbehagen des Vaters wächst; denn als 1780 nach nur fünfjähriger Ehe die anmutige Emilia Rantzau stirbt, rückt der verzweifelte Witwer und Erbe noch weiter vom Geschäftlichen ab, sucht die Einsamkeit, lässt der Verstorbenen auf einem Hügel über dem Sund an einer Quelle ein Denkmal errichten, und der Poet Stolberg dichtet eine Elegie voller Trauer und Tränen.

Der Schatzmeister sieht die Fortführung seines Lebenswerks in Gefahr, macht sogar den Versuch, eine neue Ehe zu stiften, was den empfindsamen Sohn empört. 34 Jahre alt ist er inzwischen, sogar schon Träger des großen Danebrog-Ordens, der allerdings, wie alle wussten, vom Vater in Auftrag gegeben worden war. Wenigstens die neue Gattin will Ernst Schimmelmann nun selbst auswählen.

Im Dezember 1781 schickt er aus Kopenhagen der Mutter einen Brief. Auf Deutsch statt wie üblich auf Französisch. Damit auch der gerade in Ahrensburg weilende Vater die gute Botschaft lesen kann. Die Form bereitet dem Schatzmeister erneut Unbehagen, aber der Inhalt erfreut ihn. „Hier sah ich Charlotte bei der Reventlow, deren Kind tödlich krank war und nach einigen Tagen starb – hier erkannte ich ihre liebende edle Seele … Ich sah Charlottes Mitleid, auch für mich, eben darum sah ich es: weil sie alles anwand, um es zu verbergen.“ Charlotte Schubart ist die Tochter eines dänischen Offiziers. Sie ist klug, energisch, auch eine Verehrerin Rousseaus und allem Geistigen zugetan.

Der Schatzmeister ist mit der Wahl einverstanden, jedenfalls weitgehend. Was hätte er auch einwenden sollen? Nur gut, dass der Sohn derart zügig gehandelt und seine Träume, seine Verzweiflung überwunden hat. Jetzt endlich kann er wieder seine vielfältigen Aufgaben energisch erfüllen.

Der Brief, den der Bräutigam am 9. Januar 1782 seiner Verlobten schreibt, hätte den schon am Grabesrand stehenden Schatzmeister jedoch in neue Verzweiflung versetzt: „Das Schicksal der Menschen, ist es nicht seltsam widersinnig? Reventlow und ich zu Direktoren des Sklavenhandels ernannt. Ach, wären wir doch Vorsteher einer Gesellschaft, gegründet zum Wohle der Menschen, könnten wir doch, anstatt Unruhe und Verderben in einen Teil der Welt zu bringen, um dadurch nur Habgier, Lug und Trug zu vermehren, uns vereint darum bemühen, dass einmal glücklichere Tage anbrechen. Das wäre eine Aufgabe, die unser würdig wäre.“

So also denkt im Geheimen der Miteigentümer von tausend schwer arbeitenden Sklaven, von Leibeigenen auf mehreren Gütern, von schlecht bezahlten Arbeitern in einer Gewehrfabrik und einer Zuckerraffinerie, die Jahr für Jahr enormen Gewinn bringt. Nur gut, dass der Schatzmeister als Quelle des Reichtums diesen Brief nicht liest. Romantische Reime

auf die liebliche Natur sind das eine. Unverhüllte Kritik an einem Lebenswerk, ja an einem Wirtschafts- und Gesellschaftssystem, dagegen ist etwas ganz anderes. Da hätte man prüfen müssen, ob einem solchen Zweifler das Erbe zufallen könne. Doch was hätte die Prüfung außer Ärger und Kummer ergeben? Der älteste Sohn ist nun einmal gottgegeben der rechtmäßige Nachfolger, und jedes Abweichen von dieser Tradition und Regel hätte jeden Glanz vom ehrenvollen Namen Schimmelmann beseitigt. Und ähnlich verheerend wäre der Prestigeverlust bei Hofe, wo ein Ende der so sorgfältig eingefädelten Karriere des Nachfolgers gedroht hätte. Doch der Schatzmeister muss sich diese Gedanken nicht machen. Einen Monat nachdem der Brief geschrieben war, wird er von allen Mühen und Sorgen befreit.
Die Pietät verlangt eine Verschiebung der schon früher vorgesehenen Hochzeit. Am 27. Mai 1782 findet sie in gebührender Form in Hellebaek statt. Der Freund und Dichter Fritz Stolberg trägt als Geschenk wieder zu Herzen gehende Verse vor.

* * *

Mit dem Schatzmeister wird zugleich auch das Glück zu Grabe getragen, das das Unternehmen Schimmelmann so lange begleitet hat. Wieder einmal verbreitet sich das Gerücht, es drohe Frieden zwischen England und Frankreich. Schon fallen im neutralen Dänemark die Preise, was bedauerlich ist, liegen doch die Schiffe „Graf Ernst Schimmelmann“ und „Tugendreich“ mit Kolonialwaren voll beladen in Santo Domingo und warten nur darauf, im sicheren Konvoi mit anderen Handelsschiffen die Heimfahrt antreten zu können. Bei ihrer Ankunft sind die Preise derart gesunken, dass Ernst Schimmelmann die gesamten Kaffeevorräte der Firma an Bord der „Tugendreich" nach Kiel und von dort nach Hamburg transportieren lässt. In der Hansestadt sind deutlich günstigere Einnahmen zu erzielen.

Und wie soll es weiter gehen? Was würde in dieser Lage der Vater tun, fragt sich insgeheim der Erbe, erinnert sich an den Ratschlag: Ein Kaufmann muss etwas wagen! und empfiehlt, die sich ihrem Ende nähernde Neutralität bis zum letzten Augenblick zu nutzen. Noch einmal werden daher Schiffe gen Westen geschickt. Es könnte das letzte Mal mit den gewohnten Gewinnen sein. Selbst der stets zögernde und überaus vorsichtige Friedrich Baudissin beteiligt sich mit 16 000 Talern an der neuen Expedition. Und es geht wirklich noch einmal gut. Die Endabrechnung bringt prächtige Gewinne, vor allem deshalb, weil die in der Karibik operierenden englischen und französischen Flotten mit Proviant versorgt werden konnten.

Was lange befürchtet worden war, tritt 1783 ein. In die Enge getrieben, erkennt England die Unabhängigkeit seiner amerikanischen Kolonien an, Frankreich als Verbündeter der Aufständischen kann den Seekrieg mit der Royal Navy beenden. Dänemarks goldenes Zeitalter ist vorbei. Und als hätte die neue politische Konstellation als Unglück nicht gereicht, richtet sich auch die Natur gegen das Unternehmen Schimmelmann. Die „Tugendreich" strandet vor Seeland. 14 Mann der Besatzung ertrinken, die in der Kopenhagener

Raffinerie dringend erwartete Ladung Rohzucker ist verdorben.
Ähnliches passiert mit der „Graf Ernst Schimmelmann". Das Schiff gerät auf der Rückreise von den Plantagen vor Puerto Rico in einen Orkan und versinkt. Zwar zahlt die Versicherung 80 000 Taler für den Verlust, aber wieder fehlt der Raffinerie die Rohware. Hohe Schäden richtet der Orkan auch in den Plantagen an. Für diese Verluste müssen die Eigentümer aufkommen.
Der Schatzmeister war Rückschläge dieser Art gewohnt. Er hatte sie in der Gewissheit hingenommen, dass der Himmel nach jedem Gewittersturm wieder aufklart. Die Erben dagegen reagieren unsicher und schnell auch verzweifelt. Besonders dem Mitdirektor Baudissin fehlt jeglicher Mut zum Wagnis. Bei größeren Investitionen darf er mit entscheiden und denkt dabei stets nur an möglichen Verlust.
Als Ernst Schimmelmann anregt, die in Friedenszeiten nicht ausgelastete Gewehrfabrik durch den Kauf des Kupferwerkes Brede in die Lage zu versetzen, auch unmilitärische Produkte wie Töpfe und Pfannen herzustellen, lehnt Baudissin dies ab. Mit der merkwürdigen Begründung: Auf dem Gut seines gerade verstorbenen Vaters habe er Betrügereien des Oberinspektors entdeckt, durch die er und seine Brüder um fast 6 000 Taler geschädigt worden seien. Wenn eine solch verwerfliche Tat direkt unter den Augen der Herrschaft passieren könne, so folgert er, was müsse man nicht alles in einer schlecht beobachteten Fabrik in der Ferne befürchten. Seinem Schwager und Mitdirektor gesteht er, „dass ich für alle neuen Unterneh-

mungen so kopfscheu geworden bin, dass ich lieber den kleinsten Profit nehme, sobald er sicher ist, als mich auf die glänzenden, aber unsicheren Aussichten zu verlassen". Hätte er ähnliche Vorsicht bei der Führung der familiären Geschäfte walten lassen, dann wäre gewiss zu verhindern gewesen, dass die leichtsinnige Gattin Caroline am Spieltisch eine Summe verliert, die den Wert der gesamten Gewehrfabrik deutlich übertrifft.

In einer Schublade seines Schreibsekretärs bewahrt der ängstliche Mitdirektor Graf Baudissin einen Brief auf. Der schwärmerische Dichter Friedrich Ludwig Stolberg, der zu jeder Gelegenheit etwas Passendes zu schreiben pflegt, hat ihn nach dem Tode des Schatzmeisters übermittelt. Nicht wie gewohnt in pathetischen Versen, sondern in erstaunlich klarer Prosa stellt der Poet fest, dass der Tod des „Piloten" „im zerrütteten Staat" eine nicht zu schließende Lücke hinterlassen habe. Und daher gibt er den Rat: „Wer noch an der Ruderbank sitzet, der springe davon, ehe die lecke Galeere sinkt."

Die „Lücke im Staat" lässt sich durchaus schließen, nicht dagegen die an der Spitze des nun von mehreren Schultern getragenen Unternehmens Schimmelmann.

* * *

Fürchten die Erben, selbst der tote Schatzmeister könnte mit seiner Willenskraft das Gezerre um die Verteilung des Nachlasses beeinflussen? Drei Jahre vergehen, ehe man den Leichnam von Kopenhagen nach Wandsbek schafft.

Zwar hat die Witwe unmittelbar nach Empfang der Todesnachricht den Bau einer Gruft in Auftrag gegeben, aber die Arbeiten ziehen sich hin. Mal ist es zu feucht, dann werden Rechnungen nicht gezahlt. Erst am 24. Oktober 1785 kann Pastor Johannes Milow bei der erneuten Grablegung seine Leichenrede halten. Er beklagt den „unerwartet frühen Tod“ des großen Mannes, rühmt seine Fähigkeit, schnell und treffend das Wesentliche vom minder Wesentlichen zu unterscheiden, erinnert daran, dass er Müßiggänger und Verschwender nicht duldete und noch auf dem Totenbett bestimmt habe, aus seinem Nachlass nicht nur die treuen Bediensteten, sondern auch deren Witwen zu versorgen.

Jetzt endlich hätte der Schatzmeister seine ewige Ruhe verdient. Doch noch immer will man sie ihm nicht gönnen.

Schon zu Lebzeiten hatte er für sich und die Gattin den Bau einer Grabkapelle empfohlen. Bei den Plänen war es geblieben, und die Nachkommen benötigen in ihrer Umständlichkeit ein ganzes Jahrzehnt, um sie zu verwirklichen. Denn fast jeder hat eigene Vorstellungen und der Haupterbe Ernst die größte Mühe, das Phantastische vom Sinnvollen zu trennen. Schwester Julia empfiehlt einen schwedischen Künstler, der sie vorteilhaft portraitiert hatte, der Schwager Baudissin zieht einen Leipziger Bekannten vor, und um der leidigen Sache ein Ende zu bereiten, schließt Ernst Schimmelmann 1784 einen Vertrag mit dem Italiener Luigi Grossi. Er soll noch nicht die Kapelle, sondern nur das darin geplante Grabmonument errichten, für 11 000 Reichstaler, in zwei Jahren und mit Marmor aus Carrara. Nach einem halben Jahr hat der Ita-

liener seine Pflichten nicht erfüllt, und der Vertrag wird gekündigt.
Ein Italiener soll es aber schon sein, meint jedenfalls Julia und schlägt den römischen Architekten Antolini vor, den sie bei einer Italien-Reise kennen gelernt hat. Er präsentiert umgehend einen Kostenvorschlag von 51 000 Talern, und die Erbengemeinschaft erschrickt so heftig, dass man sich an den bewährten Hausarchitekten Horn erinnert. Ihm müsse aber wegen der überaus wichtigen Angelegenheit ein Aufseher zur Seite gestellt werden, fordert Graf Christian, der auf Schloss Wandsbek residierende Jüngstgeborene, woraufhin der vom Maurerpolier zum Architekten aufgestiegene Carl Gottlob Horn voller Empörung reagiert und darauf hinweist, dass der vorgesehene Aufseher der Trunksucht verfallen sei.
Horn ist es schließlich, der dafür sorgt, dass Kapelle und Grabmonument überhaupt noch fertig gestellt werden. Sogar günstiger als zuletzt zu befürchten war, wofür allerdings Einschränkungen nötig werden. Das Monument fällt beinahe gänzlich weg. Keine Pyramide also, kein Vogel, der die Ewigkeit symbolisiert, keine Glücksgöttin Fortuna, nur eine Apsis für den Sarkophag. Dazu preisgünstige Ziegel und schlichter Sandstein statt des teuren italienischen Marmors. Nur bei den beiden prunkvollen Särgen wird nicht gespart, wenigstens sie kommen aus Italien. 1792 und damit zehn Jahre nach seinem Tod findet der Schatzmeister endlich seine Ruhe.
An die 10 000 Taler muss jedes Mitglied der Erbengemeinschaft für die so mühsam zustande gebrachte Kapelle aufbringen. Ein bescheidener Betrag, gemessen an dem, was

jedem einzelnen ohne Verdienst zugefallen ist. Doch ein Klagen hebt an, als müsste das gesamte Erbe zurückerstattet werden. Nicht von allen, nicht vom neuen dänischen Finanzminister Ernst Schimmelmann, der die Hauptlast des Unternehmens trägt und zugleich die wieder einmal gefährdeten Staatsfinanzen ordnen soll.

Graf Friedrich, der stets um Bares verlegene Herr von Ahrensburg stöhnt am heftigsten, und der Reichsgraf Baudissin, dessen Finanzen nicht einmal die verschwenderische Gattin Caroline ruinieren konnte, schreibt seinem Mitdirektor Ernst Schimmelmann einen Brief, der dem milden Haupterben anhaltende Magenbeschwerden bereitet. Von den Einnahmen des Unternehmens könne er rein gar nichts entbehren, „da ich meinen Hausstand eingerichtet habe und es sich nicht schicken würde, denselben auf einmal wieder einzuschränken". Dabei sind gerade für ihn Einschränkungen nicht zu befürchten, denn 12 000 Taler wirft das Erbe jedes Jahr ab. Als dänischer Gesandter in Berlin erhält der Reichsgraf zudem ein Gehalt, mit dem allein sich überleben lässt. Und das Hochzeitsgeschenk Gut Knoop ist derart reichlich mit billigen Leibeigenen ausgestattet, dass die Landwirtschaft kräftig zum Lebensunterhalt der adligen Familie beiträgt.

* * *

Die Schatzmeisterin Caroline Tugendreich Schimmelmann beklagt sich nicht, fühlt sich aber als Ausgestoßene. Sie ist noch keine 60 Jahre alt, doch sie ist voller Gebrechen. Das

Schicksal allein gelassener Frauen hat sie stets bewegt. Als wären erst Tage und nicht Jahre vergangen, sieht sie immer wieder die ihre Verzweiflung so gut verbergende Gräfin Cosel auf der trostlosen Festung Stolpen vor sich. Und sie sieht auch die junge und doch zerbrochene Königin Caroline Mathilde in den prächtigen Gemächern des Celler Schlosses. Beiden fühlt sich die Schatzmeisterin verbunden, weiß gleichzeitig, dass sie zu niemandem über diese heimliche Gemeinschaft sprechen darf, weil nicht einmal die eigenen Kinder sie verstehen würden.

Denn äußerlich mangelt es ihr an nichts. Die Zahl der Bediensteten ist zwar von ehemals drei Dutzend auf eine Handvoll reduziert worden, aber das erhaltene Personal reicht aus, um sie und das ihr zugefallene Palais in der von stattlichen Häusern geprägten Mühlenstraße zu betreuen. Die vom Gatten übernommene Sparsamkeit erleichtert das Auskommen mit der im Testament festgelegten, nicht allzu großzügigen Pension.

Für ein wenig Leben im Palais sorgt das mit drei Sekretären besetzte Kontor. Die hier zu erledigenden Geschäfte sind nach dem Tod des Schatzmeisters jedoch erheblich zurückgegangen. Alle wichtigen Entscheidungen werden im Kopenhagen-Büro getroffen, wo noch immer der erfahrene Gondolatzsch die Aufsicht führt, mit dem jungen Ernst Philipp Kirstein aber einen Konkurrenten erhalten hat, der das uneingeschränkte Vertrauen von Ernst Schimmelmann besitzt.

Ihre Treffen mit Literaten und anderen Geistesgrößen hat die Schatzmeisterin eingestellt. Sie fand keinen Gefallen mehr an den schwärmerischen Versen Klopstocks, auch missfielen ihr die oft hitzigen und verletzenden Diskurse, die ihre Gäste untereinander führen. Nach wie vor lässt sie sich dagegen einmal im Monat ins Theater fahren, manche Stücke, etwa Lessings „Emilia Galotti", hat sie drei oder vier Mal gesehen und sich nie gelangweilt.

Besuche in Ahrensburg, Wandsbek oder auf Gut Knoop sind im Laufe der Jahre seltener geworden. Zwar behandelt man sie dort zuvorkommend, dennoch hat sie das Gefühl, den normalen Tagesablauf zu beeinträchtigen. Gegenüber ihrem ältesten Sohn spürt sie diese Entfremdung nicht. Ihn hätte sie gerne häufiger um sich, doch der Finanzminister und Direktor des ächzenden Unternehmens Schimmelmann ist in Kopenhagen unabkömmlich, nimmt sich noch seltener als einst der Vater Zeit für die mühsame Reise ins Holsteinische. Seine wiederholten Bemühungen, die Mutter zum Besuch nach Kopenhagen zu bewegen, bleiben erfolglos. Das Meer schrecke sie, lässt sie wissen, und die lange Fahrt in der Kutsche würde ihr ständige Übelkeit bereiten.

Die Wahrheit ist, dass Caroline Tugendreich Schimmelmann mit ihrem Leben abgeschlossen hat und nur wünscht, möglichst bald neben dem Gatten ruhen zu dürfen.

Kapitel 18

PREISVERFALL

Anders als der Vater, hätte Ernst Schimmelmann gerne mehr Zeit für sein privates Leben. Doch die Aufgaben verzehren ihn. Er ist Kommerzminister, Finanzminister, Chef der Steuerkammerdirektion und der Kreditkasse, Direktor des Grönland-Island-Färöer-Handels, der Westindischen Handelsgesellschaft und der Ostseeisch-Guineischen Kompanie, dazu Direktor der Kanalkompanie und Mitglied in weiteren Direktionen. Und er ist vor allem verantwortlich für ein weit verzweigtes Familienunternehmen, das allergrößte Aufmerksamkeit und Umdenken verlangt.

Denn das in früheren Jahren vom Schatzmeister energisch gedrehte Rad erweist sich plötzlich als äußerst brüchig. Ausgerechnet der Sklavenhandel bereitet Sorgen. Die bisher gewohnten Gewinne gehen zurück, verwandeln sich allmählich sogar in Verluste. Die Direktion der Guineischen Handelsgesellschaft lässt Anfang 1787 die Rentabilität des Geschäfts mit der menschlichen Ware durch ein Gutachten prüfen, und das Ergebnis ist beunruhigend. Jeder Sklave, der von der Küste Afrikas auf eine der dänischen Jungferninseln transportiert wird, verursacht Kosten von 76 Talern.

Werden 400 Sklaven an der „Goldküste“ verladen und erreichen, wie es die Regel ist, nur 360 lebend den Zielhafen auf St. Croix oder St. Thomas, dann hat die königliche Handelsgesellschaft bedauerlicherweise 27 720 Taler Verlust gemacht. Ein derart ungünstiges Geschäft könne nicht geduldet werden, erklärt die Direktion und fordert zusätzliche Sparsamkeit, ergänzt durch höhere Einnahmen. 160 Taler Einkaufspreis für einen männlichen Sklaven, da lasse sich gewiss ein wenig abhandeln. Auch die Qualität der zum Tausch gebotenen Ware könnte verringert werden. Dringend verbesserungswürdig ist dagegen der Verkaufspreis. 226 Taler pro Sklaven, wie derzeit üblich, das sei eindeutig zu wenig. Die Direktion regt daher einen Aufschlag von 15 Prozent an.

Aber nicht nur an der Ware, auch am Transport könnten unnötige Ausgaben verringert werden. Es sei doch wirklich nicht vonnöten, dass die Überfahrt aus der afrikanischen Heimat zum neuen Arbeitsplatz in den Plantagen auf noch fast neuen und geradezu bequemen Schiffen vollzogen werde. Stattdessen sollten billige alte Fahrzeuge im Wert von höchstens 10 000 Talern angeschafft werden.

Von einer Kürzung der Gehälter für das Personal in dem von der Handelskompanie in Guinea unterhaltenen Fort Christiansborg sieht die Direktion nach eingehender Beratung dagegen ab. Jeweils 400 Taler Jahresgagen für den Chirurg und den Pfarrer will man ebenso weiter zahlen wie die 240 Taler für Schmied, Tischler und Maurer. Nur von gut entlohnten und damit zufriedenen Bediensteten könne man auch erfreuliche Leistungen erwarten, so entscheidet weise das Direktorium unter Leitung des Ministers und Großaktionärs Ernst Schimmelmann und lässt der ersten guten Idee gleich eine zweite folgen.

Um den Preis für die im Westindischen angelandeten Sklaven ein wenig aufzubessern, sollen nicht mehr große Partien abgegeben werden, sondern kleine, dazu gemischte Sortimente. Am besten Fünfer-Stücke, bestehend aus zwei männlichen Sklaven, einer erwachsenen Frau, einem Jungen und einem Mädchen. Und ein weiterer Anreiz kommt hinzu. Jeder dänisch-westindische Untertan seiner Majestät des Königs, der einen Sklaven erwirbt, darf zwei Fass Zucker auf einem dänischen Schiff in einen nicht dänischen Hafen transportieren und dort mit einem höheren Verkaufpreis rechnen als in Kopenhagen.
Könnte man nicht die aus Afrika auf die Karibik-Inseln gelieferten Sklaven noch teurer verkaufen, als es die Handelsgesellschaft empfohlen hat? Wer derart fragt, der vergisst die Konkurrenz. Nicht nur die königliche Handelsgesellschaft bietet menschliche Ware an, ganz Europa schürft an der afrikanischen „Goldküste“ nach schwarzem Gold. Die Portugiesen und Holländer, die Spanier, die Franzosen und die Engländer. Da ist der Wettbewerb hart, die Preise stehen unter Druck. Aber wer über Verluste beim Transport klagt, der vergisst, dass der wahre Gewinn nicht im An- und Verkauf der Sklaven, sondern in der späteren Nutzung erzielt wird.
Auf den dänischen Inseln in der Karibik arbeiten kostenlos 10 000 Sklaven, davon 1 000 auf den Schimmelmannschen Plantagen. Durch Abgänge der unterschiedlichsten Art, sei es Tod oder Flucht oder Verstümmelung, werden jährlich 1 600 Neuzugänge erforderlich. Vier Ladungen zu jeweils 400 Sklaven sind das, und es gibt Sklavenschiffe, auf denen

unter Deck pro männliche Person ein Stauraum von 182 Zentimeter mal 41 Zentimeter zur Verfügung steht, und um zusätzlichen Platz zu gewinnen, wird eine zweite Etage eingezogen. Drei Monate kann die Reise von Afrika zu den westindischen Plantagen dauern, und damit die zusammengepferchten Passagiere keinen verzweifelten Aufstand wagen, werden sie in Eisen gelegt.
Wie schon sein Vater, so findet auch Ernst Schimmelmann keine Zeit, um seine überseeischen Besitzungen zu besuchen. Er kennt jedoch alle Zahlen, und wenn er am Kopenhagener Hafen eines der zum Auslaufen bereiten Schiffe inspiziert, fragt er nicht, wie auf dem zweiten Teil der Reise in den dunklen und engen Laderäumen so viele Menschen untergebracht werden können. Vom Park seines Landhauses über dem Öresund sieht er zuweilen das Schiff am nächsten Tag noch einmal unter geblähten Segeln. Dieser Anblick erfreut ihn, und obwohl ihn von Bord gewiss niemand sieht, winkt er mit weißem Seidentuch und schickt den Wunsch nach unbeschadeter Rückkehr hinterher.

* * *

Als Direktor der königlich westindischen und zusätzlich der guineischen Handelskompanie muss Ernst Schimmelmann dafür sorgen, dass der Sklavenhandel und der Handel mit Kaffee, Gewehren, Baumwolle und Tabak gute Erträge bringen. Als Privatmann unterbreitet er gleichzeitig geradezu revolutionäre Reformvorschläge, deren Verwirklichung Ruin für die Plantagenwirtschaft bedeuten würde.

Schon 1784, nur zwei Jahre nach dem Tod des Schatzmeisters, schreibt er: „Es müsste die Arbeit auf den Plantagen … nicht bloß als ein Frondienst für den Herrn, sondern als eine Arbeit für das allgemeine betrachtet werden, so dass die Neger überzeugt werden könnten, dass sie zugleich für eine Gesellschaft arbeiten, wovon sie Mit-Glieder sind." Das sind Gedanken, mit denen sich der Minister, Direktor und Großaktionär keine Freunde macht. Sklaven als Mitglieder der Gesellschaft? Würde ihre Arbeit bezahlt, könnte man dann den Leibeigenen daheim verwehren, was man den Sklaven in der Ferne zugesteht? Natürlich nicht. Dem Ende der Plantagen würde somit der Ruin auf den Gütern folgen. Wenigstens ist Ernst Schimmelmann klug genug, das Papier mit seinen gefährlichen Gedanken vorerst unter Verschluss zu halten und seinen Pflichten nachzukommen. Und die bestehen darin, die Einnahmen zu steigern. Für das Familienunternehmen ebenso wie für die Handelskompanien. Schon der Schatzmeister hatte stets aufs Neue die Bedeutung des Sklavenhandels betont und besondere Anstrengungen zu seiner Ausweitung gefordert. Der Sohn befolgt den Rat, obwohl doch gerade dieser Wirtschaftszweig nicht mehr den so lange gewohnten Gewinn bringt. Und während sich der private Schimmelmann in fahriger Schrift und mit wenig eleganten Formulierungen mehr Humanität unter den Menschen wünscht, bemüht sich der Direktor Schimmelmann um eine Ausweitung des Sklavenhandels.

Das französische Santo Domingo benötigt jährlich 40 000 Sklaven. Bisher liefert die Konkurrenz, der Krieg hat den Handel beeinträchtigt und die Preise gewaltig steigen lassen. Es lockt prächtiger Gewinn. Doch leider zerschlagen sich die Verhandlungen. Auf hundert verkaufte Sklaven verlangen die Franzosen gleich vier Zugaben. Das rechnet sich nicht, zudem beeinträchtigt der Friede den dänischen Vorteil zur See.

Bleiben noch die Spanier. Für ihren Besitz in Südamerika brauchen sie regelmäßig viele Tausend Sklaven. Geschickte Verhandlungen wären erforderlich, um am Geschäft beteiligt zu werden. Da der für die Wirtschaft zuständige Minister gleichzeitig Direktor der vom Sklavenhandel profitierenden Handelsgesellschaften ist, hätte Ernst Schimmelmann die geheime Mission übernehmen müssen. Doch mit seinen vielen Pflichten ist er unentbehrlich, kann nicht über Monate auf Reisen gehen. Zudem hätte die englische, portugiesische und französische Konkurrenz misstrauisch gefragt, was es in Spanien für einen dänischen Minister derart Wichtiges zu besprechen gebe. Also denkt sich Ernst Schimmelmann eine List aus und beauftragt den Kopenhagener Professor der protestantischen Theologie, Daniel Gotthilf Moldenhawer, die Ausweitung des Sklavenhandels voranzutreiben.

Der Professor ist ein ganzes Jahr lang unterwegs, zum Wohle der Wissenschaft, wie er seinen zurückgelassenen Studenten versichert. Und als er schließlich erschöpft vom Ausflug in die Fremde nach Kopenhagen heimkehrt, muss er einräumen, nicht das Geringste erreicht zu haben. Die Preise der dänischen Sklavenhändler sind den Spaniern viel zu hoch. Trotz großzügiger staatlicher Unterstützung ist die Guinea-Kompanie ganz offensichtlich nicht mehr konkur-

renzfähig. Die Aktionäre murren, fürchten um ihren Gewinn.
In allerhöchster Not kommt Rettung durch den reichen Großkaufmann Frederik de Coninck. Er weiß, dass sich am Sklavenhandel immer noch gut verdienen lässt, vorausgesetzt, man rationalisiert, drückt die Einkaufspreise, lässt neue Märkte nicht durch weltfremde Professoren erkunden. Bei einem günstigen Angebot werde er selbstlos und zum Wohle des Staates einspringen, teilt der erfahrene Geschäftsmann mit, und der Staat, repräsentiert durch den Finanzminister, zeigt sich sehr entgegenkommend. Eine neue Gesellschaft entsteht, und Ernst Schimmelmann hätte Gelegenheit gehabt, den Titel „Direktor des Sklavenhandels“ endlich abzugeben, was allerdings ausgesprochen gründlich misslingt. Denn obgleich nicht die geringste Notwendigkeit besteht, beteiligt er sich unter größter Geheimhaltung mit 24 000 Talern an dem neuen Unternehmen. Die Humanität muss erst einmal in den Hintergrund rücken.

* * *

Ernst Schimmelmann hat einfach keine Zeit, sich um die Menschlichkeit zu kümmern, denn plötzlich fordern alle seine Ämter höchste Anstrengungen.
Kräftige Gewinne hat über Jahre neben der Guineischen auch die westindische Kompanie abgeworfen. Der Handel mit Kolonialgütern blühte, und der Staat ermunterte seine Bürger, durch Aktienkauf am Wohlstand teilzuhaben. Selbst als der Friede die Preise fallen ließ und damit die Ge-

winne schmälerte, zahlte die Direktion noch immer hohe Dividenden aus. Viel zu lange und erstaunlich großzügig, was damit zusammenhing, dass der wichtigste Direktor, Ernst Schimmelmann, auch Aktionär und zugleich Vertreter des so überaus nachsichtigen Staates war. Und als die finanzielle Lage der Kompanien schließlich völlig verzweifelt war, zeigte der Staat noch mehr Großzügigkeit, indem er das danieder liegende Unternehmen übernahm und alle Aktionäre geradezu königlich auszahlte.

Noch lässt der Name Schimmelmann keine offene Kritik aufkommen. Doch bei den Kollegen im Staatsrat und auch in der Beamtenschaft häufen sich die spitzen Bemerkungen. Wäre doch nur der Schatzmeister noch vorhanden. Milder, liebenswürdiger und gebildet sei zwar der Sohn, doch ihm mangele es an Weitsicht, auch an Erfahrung, dazu an Wagemut und Vorsicht zugleich. Und wie häufig muss er von seinem Landsitz über dem Sund herbeigeholt werden, wenn für eine wichtige Entscheidung seine Stimme benötigt wird. Einmal berichtet der Bote, er habe den Herrn mit der Gattin in einer Laube des Parks gefunden und mitgehört, wie sich die beiden unverständliche Verse über die Liebe und den Mond und die herrliche Natur vorlasen. Obgleich höchste Eile verordnet worden sei, habe er noch eine halbe Stunde warten müssen, ehe die beiden ihre Bücher zur Seite gelegt hätten.

* * *

Die Humanität schlummert, dabei müsste sie dringend geweckt werden. Ernst Schimmelmann allein könnte es bewirken. Aber auf welche Weise? Als Direktor des Familienunternehmens steht er in der Pflicht, Gewinn zu erwirtschaften, auf den die Herren von Knoop und Emkendorf, Wandsbek und Ahrensburg jedes Jahr sehnlichst warten. Als königlicher Finanzminister muss er gleichzeitig dafür sorgen, dass die dringend benötigten Steuern möglichst reichhaltig eingehen. Es ist somit riskant, sich für die Einschränkung des Sklavenhandels einzusetzen. Schimmelmann versucht es trotzdem. Mit einem Experiment, das viel versprechend scheint. Jedenfalls auf den ersten Blick.

Warum soll man Bewohner Afrikas aus ihrer heimatlichen Umgebung herausreißen, in beschwerlicher und verlustreicher Seereise zu fernen Inseln transportieren, sie dort unter Zwang Zucker, Kaffee, Tabak und Baumwolle anpflanzen lassen, um diese Kolonialwaren anschließend auf noch längerer Seereise nach Europa zu bringen. Es wäre doch sinnvoller und einfacher zugleich, die Plantagen nicht in der Karibik, sondern an der Guinea-Küste Afrikas anzulegen, dort, wo die kostenlosen Arbeitskräfte zu Hause sind und wo ohnehin vorhandene dänische Forts mit ihren Besatzungen Schutz bieten.

Ein tatkräftiger, energischer, von der Idee begeisterter Pionier muss für die Aufgaben gesucht werden, und die Wahl fällt auf Paul Erdmann Isert. Er stammt aus der Uckermark und reiste als Medikus nach Dänisch-Guinea. Nicht aus Liebe zur Medizin, sondern weil er sich für Völkerkunde begeistert und die Lebensweise der Eingeborenen erforschen will. Was er auch erfolgreich tat. Seine Schilderungen waren so gefragt, dass sie gedruckt und in mehrere Sprachen übersetzt wurden. Allerdings beging er den Fehler und behandelte die schwarzen Afrikaner wie seinesgleichen. Damit zog er sich den Zorn der vom Sklavenhandel lebenden örtlichen Kaufleute zu und beschloss, nach Europa zurückzukehren.

Für die Rückreise musste er einen Umweg über Westindien machen, an Bord eines mit Sklaven überfüllten Schiffes. Und hier hatte er ein Erlebnis, das sein weiteres Handeln prägte. Obwohl die für den Verkauf vorgesehenen Männer wie üblich paarweise durch Ketten verbunden waren, brach kurz vor Erreichen des Ziels ein Aufstand aus, der von der Besatzung blutig niedergeschlagen wurde. 34 Sklaven starben, Isert wurde schwer verletzt. Er erlebte auf St. Croix den unwürdigen Verkauf, sah den riesigen Gewinn von 97 000 Talern. „Wäre doch nur ein Mittel möglich, diesem fortdauernden Übel Einhalt zu thun", klagte er, hatte auch eine Erklärung dafür, dass man die Plantagen statt in Afrika auf karibischen Inseln angelegt hat. Dort habe man sich sicherer gefühlt als in den Weiten des afrikanischen Kontinents.

All dies sieht Ernst Schimmelmann seit Jahren ebenso, hat diese Gedanken auch schon niedergeschrieben und auf Zeiten gewartet, in denen er seine Vorstellungen offenbaren kann. Anfang 1788 verfasst er eine Denkschrift, die anregt, das nachzuholen, was seit dem Aufbau einer Kolonialherrschaft versäumt wurde.

Es sind besonders revolutionäre Ideen, die der heimliche Humanist und offene Sklavenhändler mit seinem hektischen Federstrich aufs Papier bringt. Die Botschaft lautet: Der atlantische Dreieckshandel, in erster Linie der Transport menschlicher Ware, ist so bald wie irgend möglich zu beenden. Eine musterhaft geführte Kolonie im afrikanischen Westen soll den Beweis erbringen, dass es sinnvoll ist, die in Europa verlangten Kolonialwaren einige tausend Meilen näher anzupflanzen. Keineswegs nur aus humanitären, sondern nicht zuletzt aus wirtschaftlichen Gründen; denn Untersuchungen haben ergeben, dass auf dem Transport 15 bis 20 Prozent der Sklaven sterben und in den ersten beiden Jahren auf den Malaria verseuchten Inseln noch einmal 20 bis 30 Prozent.

Schimmelmann sieht aber nicht nur die Vorteile der näher gerückten Kolonien, er erwartet auch Probleme. Da zumindest am Beginn des Experiments kaum mit freiwilligen schwarzen Arbeitskräften zu rechnen ist, sollen wieder Sklaven eingesetzt werden. Allerdings nicht völlig rechtlos wie auf den fernen Inseln, sondern mit dem Status, wie ihn die Leibeigenen in Schleswig und Holstein besitzen. Menschenwürdige Behandlung soll es geben, dazu Eigentum erlaubt sein. Derart zufrieden sollen sich schwarze Leibeigene fühlen, dass es ihnen gar nicht in den Sinn kommt, dorthin zurückzukehren, wo Sklavenhändler sie gekauft oder geraubt haben.

Um ihm Autorität zu verschaffen, lässt Schimmelmann den Medikus Paul Erdmann Isert zum Kapitän der Infanterie ernennen, zur Finanzierung des Projektes erhält dieser 8 000 Taler, und am 14. Juli 1788 sticht er von Kopenhagen aus mit Frau und Bruder und mehreren Helfern in See. An Bord der „Fredensborg". Ein Schiff mit demselben Namen war 19 Jahre zuvor an der norwegischen Küste zerschellt.

Diesmal verläuft die Reise gut, schon nach vier Wochen ist das Ziel erreicht. In der Nähe des dänischen Forts Christiansborg kauft Isert vom örtlichen Stammesfürsten Land, nur um des lieben Friedens willen, denn das Gebiet gehört durch Eroberung bereits der Krone. Er lässt auch sogleich den dichten Wald roden und mit dem Hausbau beginnen. „Friedrichsnopel“ soll der geplante Ort zu Ehren des künftigen Königs Friedrich VI. heißen.

Die Begeisterung des 32-Jährigen ist groß, sein persönlicher Einsatz noch größer. Verzögerungen duldet er nicht, überall legt er selbst Hand an. Eine mustergültige Kolonie will er schaffen, und an Ernst Schimmelmann geht die dringende Bitte, umgehend 300 Siedler aus dem Königreich zu schicken, dazu einen Prediger, zwei tüchtige Chirurgen und 30 bis 40 Soldaten.

Mit Wall und Graben will Isert scine neue Stadt umgeben, 24 Kanonen aufstellen. Den an Schimmelmann gerichteten Brief mit dem Datum vom 16. Januar 1789 bringt er persönlich zum Schiff.

Als das Schreiben seinen Adressaten erreicht, ist Paul Erdmann Isert bereits tot. Einen Monat später sterben Frau und Tochter. „Nein, ich habe kein Glück, ich sollte alles aufgeben“, ruft Schimmelmann beim Empfang der Nachricht verzweifelt aus.

Wie soll es nun weitergehen? Auch der Maurer, der Tischler, der Schuhmacher und fast alle anderen Siedler, die mit den Iserts aus Kopenhagen gekommen sind, werden in kürzester Zeit vom mörderischen Klima dahingerafft. Keiner will daraufhin das Experiment fortsetzen. Auch deshalb nicht, weil das neue Vorhaben zu viele Gegner hat. Sie wollen den alten, immer noch ein wenig Gewinn bringenden Sklavenhandel fortführen. Selbst der im Fort Christiansborg residierende und damit für das Gebiet der geplanten Kolonie zuständige dänische Gouverneur findet keinen Gefallen an dem Projekt. Er macht den Vorschlag, man möge der neuen Ansiedlung das Branntwein-Monopol für ganz Dänisch-Guinea zusprechen. Nur Mais solle man anbauen, um Schnaps zu brennen. Schimmelmann reagiert empört und klagt, sein humanitäres Experiment dürfe doch nicht derart verkommen.

In der ersten Enttäuschung denkt Schimmelmann daran, das Vorhaben abzubrechen. Doch dann wagt er einen neuen Versuch. Mit Nachdruck, wie es nicht immer seine Art ist, sucht er nach einer Persönlichkeit, die vollenden kann, was Isert begonnen hat. Robuster als der arme Isert soll der neue Mann sein, auch etwas älter, erfahrener im gefährlichen Klima der Tropen. Er sucht lange und geduldig und stößt schließlich auf Julius Philipp Benjamin von Rohr. Medikus und Naturwissenschaftler zugleich, in Westindien hat er sich als Landvermesser bewährt, stand dort sogar im Dienste des Schatzmeisters, ist also jemand, den man kennt. In Südamerika studiert der 54-Jährige gerade die verschiedenen Baumwollarten. Als ihn die Nachricht von der neuen Aufgabe erreicht, akzeptiert er sie mit Begeisterung, macht sich in Begleitung von drei schwarzen Dienern umgehend auf die Reise nach Guinea und wird nie wieder gesehen.

Daraufhin gibt Ernst Schimmelmann das Experiment auf. Er ist wieder einmal gescheitert. Bei Hof stecken die Neider erneut ihre Köpfe zusammen und erinnern an die Erfolge des Schatzmeisters.

* * *

Es ist, als hätte das Scheitern in Afrika Ernst Schimmelmann beflügelt, wenigstens die Lebensumstände seiner tausend in die Karibik verschleppten Sklaven zu erleichtern. Keine Revolution verlangt er, keine Abschaffung der Sklaverei, sondern vorsichtige Reformen. Wie bei seinem Experiment an der Guinea-Küste, stellen sich ihm jedoch erneut einflussreiche Gegner in den Weg. Einer bereitet ihm besonders heftigen Widerstand. Es ist ausgerechnet sein Schwager Fritz Reventlow, der scharfsinnige, einflussreiche Gutsherr von Emkendorf.

In seiner fahrigen, kaum lesbaren Schrift hält Schimmelmann fest, wie er sich seine neue, von Humanität geprägte Gesellschaftsordnung unter Einbeziehung „der Neger“ vorstellt. Es sind Gedanken, die die Verfechter der alten Ordnung und damit auch den Schwager Reventlow schaudern lassen: Ein Gesetzbuch für die Plantagen soll geschaffen werden, das den Sklaven ein Recht auf Eigentum, auf Beschwerden gegen vermeintlich ungerechte Behandlung durch die Vorgesetzten einräumt. Statt Prügel soll es Prämien geben. Die Kinder sollen christlich erzogen werden. Die ihrer afrikanischen Heimat entrissenen, in der Fremde willkürlich zusammengepferchten Männer und Frauen sollen Familien, eine Gemeinschaft gründen. Feste mit Musik und Tanz sollen ihnen Freude am Leben vermitteln. Und weiße Bedienstete, die sich nicht an die neuen Instruktionen halten, sollen selbst dann entlassen werden, wenn sie wirtschaftlich noch so tüchtig sind. Humanität müsse Vorrang vor dem Geld haben.

Ernst Schimmelmanns Reformvorschläge erreichen Emkendorf gleichzeitig mit der Nachricht vom Sturm auf die Bastille. Für den Hausherrn, der zugleich Sprecher der betont konservativ eingestellten schleswig-holsteinischen Ritterschaft ist, klingen beide Neuigkeiten gleich gefährlich. Allerdings besteht ein wichtiger Unterschied: Das revolutionäre Gedankengut aus der eigenen Familie kann er bekämpfen, womit er, sehr zum Kummer seiner innigst geliebten Julia, sogleich beginnt.

Da er aus dem Staatsdienst ausgeschieden ist, um sich in Muße dem Landleben widmen zu können, verfügt Fritz Reventlow ganz im Gegensatz zu seinem von allen Seiten geforderten Schwager über viel Zeit. Er vertieft sich gründlich in die von Ernst Schimmelmann verfasste neue Gesellschaftsordnung und entwirft auf 42 Folioseiten seine eigenen Gedanken über eine „Gesetzgebung für Negersklaven". Es wird ein Meisterstück diplomatischer Formulierungskunst.

Nein, der Herr von Emkendorf ist nicht etwa dagegen, dass die „durch ein zugleich unverschuldetes und trauriges Geschick in unsere Dienstbarkeit geratenen Menschen die einem jeden Menschen zustehenden Rechte erhalten sollten". Ja, sie müssten sogar als „Genossen einer großen Familie" angesehen werden. Aber allein der „Unterschied der Farbe ist derart groß, dass es sich nicht denken lässt,

dass je Weiße und Schwarze in ein Volk zusammenschmelzen oder sich als solches betrachten und lieben könnten."
Und damit auch wirklich für jedermann unmissverständlich deutlich wird, dass der gerade in Frankreich so grausam begonnene Versuch, Gleichheit zwischen allen Menschen herzustellen, im großen und noch friedlichen dänischen Reich selbst an den fernen karibischen Rändern nicht nachgeahmt werden dürfe, legt der Repräsentant der guten alten Ordnung unmissverständlich fest: „Wir müssen entweder uns als ihre Herren behaupten oder wir werden von ihnen verdrängt, geplündert, ausgerottet und vertilgt ... Legt irgendein menschliches oder göttliches Recht uns die Pflicht auf, das Schwert in die Hände unserer natürlichen Feinde zu tun, damit sie es wider uns erheben?"
Nun ist die Humanität zwar eine Angelegenheit des schwärmerischen Schwagers Schimmelmann, aber der Herr von Emkendorf kann schon allein mit Rücksicht auf die fromme Gattin Julia, die ihrem Bruder Ernst in mehr als allein geschwisterlicher Liebe zugeneigt ist, die Menschlichkeit nicht gänzlich außer Acht lassen. Und daher macht er nach der ziemlich unnachgiebigen grundsätzlichen Klärung seines Standpunktes den ungeliebten schwarzen „Genossen" der großen Menschheitsfamilie eine Reihe von Zugeständnissen.
Das Heiraten sollte erleichtert werden, und zwar vor allem deshalb, weil dadurch neue Arbeitskräfte erzeugt und nicht teuer angekauft werden müssten. Jeder Sklave sollte außerdem das Recht erhalten, sich selbst freizukaufen, was schwierig ist, da er ja kein Geld verdient. Auch müsste über-

legt werden, ob es nicht sinnvoll sei, den harten Boden der Plantagen mit einem Pflug statt mit der Hacke zu bearbeiten und zur Erleichterung der Arbeit Maulesel einzusetzen oder gar Maschinen.

Als Ernst Schimmelmann die „Instruktion" des Schwagers liest, ist er empört. Dennoch kämpft er nur mit halbem Herzen für seine fortschrittlichen Ideen. Er ist müde und überarbeitet und tröstet sich mit der Hoffnung, die Humanität werde auch ohne sein Zutun siegen.

Ursprünglich hatte er die Absicht, einen Sonderbeauftragten nach Westindien zu entsenden, der dafür Sorge tragen sollte, dass wenigstens einige Reformen verwirklicht werden. Doch Fritz Reventlow ist dagegen, die Ausgaben von 6000 oder gar 8000 Talern sind ihm die Angelegenheit nicht wert. Und wieder gibt Ernst Schimmelmann nach. John Brun, Inspektor der Schimmelmannschen Plantagen, erhält im November 1790 den Auftrag, die von Fritz Reventlow verfassten und von Ernst Schimmelmann nur noch mäßig gemilderten „Instruktionen" zu verwirklichen. Er soll den Inhalt zwar den tausend Sklaven bekannt machen, dabei jedoch „Vorsicht und Klugheit" walten lassen, „damit die rohe und unwissende Menge nicht etwa veranlasst werde, zu glauben, dass Widerspenstigkeit und Ungehorsam gegen die Oberen jetzt erlaubt worden sei…"

Gleichzeitig erhält der Inspektor die Erlaubnis, 40 zusätzliche Sklaven einzukaufen und dafür bis zu 12 000 Taler auszugeben. Sollte er gegen die vorgeschlagenen mäßigen Reformen ernstliche Bedenken erheben, darf er nach Kopenhagen reisen und dort seine Änderungsvorschläge unterbreiten. Und er kommt wirklich, allerdings erst 1793, denn er fühlt sich unpässlich, und für eine solche Dienstreise muss ein Jahr veranschlagt werden, zudem ist bei weißen Passagieren die Todesrate noch höher als bei den schwarzen Sklaven.

Kapitel 19

TRAUMWELTEN

Nur noch selten macht sich Ernst Schimmelmann auf die mühevolle Reise ins Holsteinische. Sehr zum Leidwesen der Schatzmeisterin. Wenn sie ihren Sohn sehen will, muss sie sich nach Emkendorf bringen lassen, was ihr nicht leicht fällt, denn Wassersucht in den Beinen quält sie derart heftig, dass sie nur noch widerwillig ihren Sessel im Kaminzimmer verlässt.

Ernst Schimmelmann konzentriert sein Leben auf das Palais in der Bredgade, auf das Gutshaus in Hellebaek und den Landsitz Seelust. Nur Julia gelingt es durch ihre flehenden Briefe, ihn nach Emkendorf zu locken. Und wenn er hier die Mutter wieder sieht, ist er stets aufs Neue erschrocken, wie sehr sie sich seit dem letzten Treffen vor acht oder zwölf Monaten verändert hat. Es ist wohl zu befürchten, dass sie den Gatten nicht mehr allzu lange überleben wird.

Doch während die Schatzmeisterin ihr körperliches und seelisches Leiden mühsam zu verbergen sucht, stellt es die Hausherrin von Emkendorf ungeniert zur Schau. Keinem der zu Rate gezogenen Ärzte ist es gelungen, eine befriedigende Diagnose zu stellen. Es handele sich vermutlich um ein Leiden nervösen Ursprungs, lassen sie nach wiederholten Konsultationen wissen und wollen keine Heilung versprechen. Fritz Reventlow verzehrt sich in Sorgen, Julia

dagegen scheint die Auskunft der Mediziner nicht zu bedrücken. Sie genießt es, wenn sich ihre Gäste um das Bett gruppieren, untereinander und mit ihr diskutieren, aus ihren schon gedruckten oder fast noch tintenfrischen Werken vorlesen. Der berühmte Klopstock sitzt ihr zu Füßen und trägt aus dem „Messias" vor. Herder berichtet von seinem jüngsten Besuch beim Dichterfürsten Goethe, Matthias Claudius ist wie bei einer Wallfahrt im Fußmarsch von Wandsbek gekommen, erfüllt der so lebhaften Kranken stets den gleichen Wunsch und deklamiert zuweilen unter sengender Sommersonne „Der Mond ist aufgegangen, die goldnen Sternlein prangen am Himmel hell und klar…"
Wenn der geliebte Bruder eintrifft, dann verwandelt sich die gerade noch Leidende in eine durch wundersame Heilung plötzlich Genesene. Innerhalb von Stunden wird Julia zur Braut, die endlich den über Monate herbeigesehnten Bräutigam in die Arme schließen kann. Angesichts der im Park und im Haus, auf der Terrasse und am See anzutreffenden Gäste empfindet Ernst Schimmelmann die unverhüllten Liebesbeweise der Schwester zuweilen als genierlich, obwohl keiner der Besucher an diesem Überschwang der Gefühle Anstoß nimmt.
Mit stets neuem Erstaunen beobachtet er, wie gelassen sein Schwager das Treiben der bunten Gesellschaft hinnimmt. An der abendlichen Tafel im großen Saal sitzen nicht selten zwei Dutzend oder mehr Gäste, die unterschiedlicher nicht sein könnten. Poeten, Musikanten, adlige Verwandtschaft, französische Royalisten, Gegner und Anhänger der Pariser Revolution. Viele kommen ohne einen Taler in den oftmals

recht abgewetzten Taschen, bleiben Wochen und versprechen bei der Abreise, dass sie bald zurückkehren werden. Sie alle profitieren ebenfalls vom Sklavenhandel. Julia behandelt jeden Gast mit Herzlichkeit, der Hausherr bemüht sich um geduldige Höflichkeit.
Die unterschiedlichen Auffassungen über die den Sklaven auf den westindischen Plantagen einzuräumenden Rechte haben das Verhältnis zwischen Ernst Schimmelmann und Fritz Reventlow zwar etwas beeinträchtigt, doch nicht nachhaltig beschädigt. Schon mit Rücksicht auf die kränkelnde Hausherrin, die geradezu ängstlich darüber wacht, dass keinerlei Verstimmung entsteht, vermeiden die beiden jeglichen Diskurs über strittige Themen.
Wenn Ernst Schimmelmann nach zweiwöchigem Aufenthalt mit einiger Erleichterung abreist, umklammert ihn Julia unter Tränen, und nur die nie eingehaltene Zusage, er werde innerhalb kürzester Zeit erneut nach Emkendorf kommen, veranlasst die Schwester, ihre Umarmung zu lösen.

* * *

Der Dichter Jens Baggesen, der sich als Verehrer von Kant gerne Immanuel nennen lässt, sucht die Nähe bedeutender Poeten und reicher Männer. Im Schimmelmannschen Palais und auch in Seelust verkehrt er daher besonders gerne, führt mit dem Hausherrn erhabene Gespräche und trägt Poetisches vor. Selbstgereimtes und vor allem aus dem „Don Carlos". An Schillers Vertrauten Karl Leonhard Reinhold schreibt er, Ernst Schimmelmann sei „einer der erhabensten Männer unseres Jahrhunderts, der gewiss edelste Minister, der je existiert hat.“ Und Reinhold antwortet: „Tief beugt sich mein Geist vor Herrn Schimmelmann, wie vor keinem anderen Minister in der Welt.“

Die Schmeicheleien gefallen dem Gerühmten. Wenn Schimmelmann mit der Gattin Charlotte eine Reise durch Seeland macht, darf Baggesen dabei sein, und in erhabenen Worten verbreitet er über seinen Gönner weiteren Ruhm.

Für den Juni 1791 planen Baggesen und Schimmelmann als Huldigung für den gemeinsam verehrten Schiller im Park von Hellebaek ein Freudenfest. Nur feurige Verehrer des großen Dichters sind geladen.

Wer konnte ahnen, dass es eine Einladung zur Totenehrung werden sollte? Schiller sei gestorben, so wird kurz vor Beginn der Feier gemeldet. Ein Schiller lebt ewig, beschließen daraufhin Baggesen und Schimmelmann. Die Festtafel hoch über dem Sund bleibt gedeckt, der Champagner perlt, aus Hecken und Gebüsch ertönen Klarinetten, Hörner und Flöten, Hirten und Hirtinnen tanzen blumengeschmückt, und alle gemeinsam singen Schillers Ode „Freude schöner Götterfunken, Tochter aus Elysium, wir betreten freudentrunken, Himmlische, Dein Heiligtum“. Zunächst tanzen nur die als Elfen verkleideten Mädchen und Jungen, bald tanzen auch die mit Lorbeer bekränzten Erwachsenen. Und sie singen eine Strophe, die Baggesen Schillers Ode als Abschied für den großen Dichter hinzugefügt hat: „Unser toter Freund soll leben! Alle Freunde stimmet ein. Und sein Geist soll uns umschweben, hier in Hellas Himmelshain.“

Drei Tage lang dauert mit nur kurzen Unerbrechungen das vermeintliche Totenfest. Einmal kommt ein Bote aus Kopenhagen und überbringt die Nachricht, der Herr Minister möge wegen dringender Geschäfte bei Hofe vorsprechen. Schimmelmann lässt antworten, er fühle sich unpässlich und sei nicht in der Lage, wichtige Entscheidungen zu treffen. Was zutreffend ist, denn er ist in einer Traumwelt versunken, erschreckt seinen nicht verzauberten Schwager Baron Schubart damit, dass er am zweiten Tag der Feier auf den Sund zeigt. Mit den Worten: „Seht nur die vielen Schiffe, sie sind auf dem Weg nach Westindien, um unsere Sklaven in die Freiheit zu transportieren." Auf dem Sund aber ist kein einziges Schiff zu sehen.
Eine Woche nach dem Totenfest von Hellebaek wird bekannt, dass Schiller zwar schwer erkrankt, aber nicht verstorben, sondern auf dem Weg der Besserung sei.
Der Dichter Baggesen bejubelt in neuen Versen die wundersame Auferstehung, der geheime Staatsminister Friedrich Christian Prinz zu Schleswig-Holstein regt an, die hehren Worte durch eine gute Tat zu ergänzen. Man sollte sich bemühen, den in Jena mit jährlich 200 Talern geradezu kränkend schlecht bezahlten Dichter nach Kopenhagen zu verpflichten.
Auf Emkendorf hätte man den berühmten Poeten nur allzu gerne als Besucher empfangen, zumal er womöglich den noch berühmteren Kollegen Goethe nachgezogen hätte. Für einen längeren Aufenthalt aber ist er deutlich weniger willkommen. Seine Religiosität lasse in jeder Hinsicht sehr zu wünschen, so ist zu hören. Selbst Charlotte Schimmelmann, die ihrem Gat-

ten in der Verehrung des Friedrich Schiller nicht nachsteht, mag Schillers Berufung ins dänische Königreich nicht befürworten. Das Land sei noch nicht reif für einen solchen Mann, nennt sie als Begründung für ihre Bedenken. Was darunter zu verstehen ist, verrät sie allerdings nicht.

Unter dem Datum vom 27. November 1791 geht ein Brief nach Jena, unterzeichnet von Ernst Schimmelmann und dem Prinzen Friedrich Christian, aber inspiriert vom Poeten Jens Immanuel Baggesen. Der Brief gleicht einer Ode, wie sie der Adressat nicht kunstvoller hätte schaffen können. Als „zwei Freunde durch Weltbürgersinn mit einander verbunden" stellen sich die Absender vor. Mit „ehrerbietiger Schüchternheit" hätten sie zur Feder gegriffen, für die „unbescheidene Zudringlichkeit" entschuldigen sie sich und bitten gleichzeitig, beim Anblick der Titel nicht zu erschrecken. Es seien keine „eitle Grosse", die das Schreiben verfasst hätten, sondern „Ihre Brüder, Bürger einer großen Republik".

Diese „Republik" hat zwar noch einen streng regierenden Monarchen an der Spitze, und einer der Unterzeichner ist sogar mit der Schwester des schon die eigentliche Macht ausübenden Kronprinzen vermählt, aber dies alles schmälert nicht den wichtigsten und auch klarsten Satz des ansonsten kunstvollen Schreibens. Und der lautet: „Wir bieten Ihnen … auf drey Jahre ein jährliches Geschenk von tausend Thalern an." Und wenn der hochgeschätzte Poet nach wieder hergestellter Gesundheit die Neigung verspüren sollte, in den Dienst des dänischen Staates einzutreten, „so würde es uns nicht schwer fallen, diesen Wunsch zu befriedigen".

Eine Reise in den Norden lässt die trotz Wiederbelebung schlecht bleibende Gesundheit des Umworbenen erwartungsgemäß nicht zu. Für die wahrlich großherzige Pension bedankt sich der mit Wort und Tat verwöhnte Schiller herzlich. Denn noch ist er auf Mäzene wie Schimmelmann angewiesen. Drei Jahre später ist er nicht nur berühmt, sondern er wird für seine Werke auch gut bezahlt.
Ob Schiller weiß, auf welche Weise das ihm aus Kopenhagen drei Jahre lang zufließende Geld verdient wird?

Kapitel 20

GELOCKERTE FESSELN

Zu schnell hatte sich Ernst Schimmelmann dem Willen seines Schwagers Fritz Reventlow gebeugt und Instruktionen über die Behandlung von Sklaven gebilligt, die seinen eigenen Ansichten widersprachen. Noch ehe die neuen Regeln den Plantagen-Inspektor Brun erreichen, hat er seine Nachgiebigkeit bedauert und erkennt, dass der Handel mit Sklaven nicht durch diejenigen beendet werden kann, die davon seit Jahrzehnten profitiert haben. Erforderlich sei vielmehr ein vom König erlassenes Gesetz. Er selbst will dafür den Anstoß geben.

Mit Vorsicht geht er ans Werk, stets daran denkend, dass das von ihm geführte Familienunternehmen über tausend Sklaven verfügt und die Damen und Herren auf Emkendorf, Knoop, in Ahrensburg und in Wandsbek zwar viel über Humanität sprechen, aber gleichzeitig auf die Auszahlung der ihnen jedes Jahr zustehenden 12 000 Taler warten. Und noch intensiver warten sie darauf, dass endlich der im Testament des Schatzmeisters leider vorgesehene Fonds mit 400 000 Talern angefüllt ist, sodass der noch immer beträchtliche Gewinn aus Plantagen, Gewehrfabrik und Zuckerraffinerie unter der Erbengemeinschaft aufgeteilt werden kann.

Mit Unbehagen nimmt die Verwandtschaft daher zur Kenntnis, dass schon wieder eine Denkschrift vorliegt, erstellt von einer Kommission, der auch der Minister Schimmelmann angehört. Die „alleruntertänigsten Vorstellungen" sind an den König gerichtet, und die 102 Folioseiten enthalten alles, was ohnehin schon häufig aufgeschrieben worden ist. Aber nicht nur. Einiges ist auch neu und trägt Schimmelmanns Handschrift, jedenfalls gedanklich. Dazu gehört vor allem der Hinweis, dass die wirtschaftlichen Vorteile „des dänischen Negerhandels keineswegs als so vorteilhaft für den Staat oder diejenigen von Ew. Königl. Majestät Untertanen, die unmittelbar damit zu tun haben, anzusehen sind…"

Dieses Argument lässt aufhorchen. In solcher Deutlichkeit hat dem König noch keiner gesagt, dass der Sklavenhandel bei genauer Berechnung ein Verlustgeschäft sei. Aber eben nur der Handel, natürlich nicht der Einsatz der aus Afrika eingeführten menschlichen Ware, die für den Erhalt der Plantagen unentbehrlich ist. Ein Kompromiss muss also gefunden werden, und den legt die Kommission dem Kronprinz-König vor.

Welch merkwürdiger Vorschlag: Der Sklavenhandel soll abgeschafft werden, aber erst in zehn Jahren, und bis dahin soll er mit staatlicher Hilfe kräftig ausgeweitet werden. Mindestens 10 000 besser noch 25 000 Sklaven sollen auf dänischen und ausländischen Schiffen aus Afrika nach St. Croix, St. Thomas, St. John transportiert werden. Staatliche Kredite in Höhe von 1,2 Millionen Talern werden den Pflanzern zum Kauf der Sklaven gewährt. Von Dänisch-Westindien dürfen jedoch keine Sklaven ausgeführt und so viele weibliche Sklaven wie möglich müssen importiert werden;

denn der Sinn der zunächst so widersinnig erscheinenden Vorschläge an den König besteht darin, den unrentablen Handel mit Sklaven dadurch abzuschaffen, dass sich der schon in den Plantagen vorhandene Bestand eigenständig vermehrt. Um die Fortpflanzung nicht zu beeinträchtigen, soll es künftig verboten sein, einen Ehepartner zu verkaufen, alle Kinder sollen bis zum sechsten Lebensjahr bei der Mutter bleiben, und um „die moralische Entwicklung der Neger“ zu fördern, dürfen sie Eigentum erwerben.

Die meisten Plantagenbesitzer lehnen die Reform ab, sie beklagen den Eingriff in ihr Eigentum, fürchten ein gänzliches Abstreifen der gelockerten Fesseln. Der König aber lässt sich überzeugen, wegen der Einsparungen, denn bald können die kostspieligen Forts an der afrikanischen Westküste abgebaut werden. Ein wenig überzeugt ihn sogar die Humanität, an die ihn neben Schimmelmann auch sein einflussreicher Minister Andreas Peter Bernstorff erinnert.

Und so tritt am 16. März 1792 die „Verordnung über den Negerhandel“ in Kraft. Dänemark ist damit die erste europäische Kolonialmacht, die den Sklavenhandel verbietet. Mit Wirkung des Jahres 1803.

* * *

Als „edler Negererlöser“ und als „würdiger Apostel der Schwarzen“ tituliert der Schimmelmannsche Hausdichter Baggesen seinen Patron, über den Sund vor Seelust schallt wieder Schillers Ode „An die Freude“, und mit besonderer Inbrunst stimmen Ernst Schimmelmann und sein Poet die

Zeilen an: „Unser Schuldbuch sei vernichtet, ausgesöhnt die ganze Welt."

Doch ist wirklich alle Schuld getilgt? In zehn Jahren soll der überseeische Handel mit Sklaven verboten werden, nicht die Sklaverei selbst, und untereinander dürfen die Pflanzer in den westindischen Kolonien des dänischen Königsreichs noch immer ihre schwarzen Arbeitskräfte kaufen und verkaufen wie Tabakballen. Die unmenschlichen Strafen sind weiterhin erlaubt, und die Schimmelmannsche Erbengemeinschaft darf auf noch höhere Gewinne hoffen, weil der Verlust bringende Handel mit der menschlichen Ware nicht mehr die Bilanzen beeinträchtigt.

Nein, das Schuldbuch sollte besser noch nicht vernichtet werden. Selbst sein literarischer Schöpfer benötigt es, um die jährlich eingehenden 1 000 Taler aus der Schatulle des Menschenfreundes Ernst Schimmelmann ordnungsgemäß zu verbuchen.

Die Besatzungen der den Sund in Richtung Karibik passierenden Schiffe sehen wohl den Park von „Seelust", hören aber nicht den Gesang der dort feiernden Bewohner. Die Begeisterung seines Herrn bleibt Schimmelmanns Plantagen-Inspektor John Brun somit verborgen. Mit der üblichen Verzögerung von zwei oder drei Monaten erfährt er lediglich den Inhalt des königlichen Gesetzes. Und er ist empört. Noch ehe er die angebotene Reise nach Kopenhagen antritt, um seine Erfahrungen mit den vorwiegend von Fritz Reventlow erstellten Vorschriften über die Behandlung der eigenen 1 000 Sklaven persönlich vorzutragen, schickt er bereits einen schriftlichen Bericht. Darin heißt es: „Wie es jetzt ist, so sind unsre Neger nicht so unglücklich, als sie gewöhnlich von Europäern gedacht, die nie eine rechte Idee davon haben können, wenn sie nicht hier gewesen sind. Sie sind unwidersprechlich viel glücklicher als die Armen im großen Teil von Europa". Und ganz besonders glücklich seien die Sklaven auf den gräflichen Plantagen. Zur Genugtuung von Fritz Reventlow und zur Verwunderung seines Schwagers empfiehlt der Inspektor daher, auf jegliche Reformen zu verzichten.

Damit ist alles gesagt, warum überhaupt noch die kostspielige und mühevolle Dienstreise nach Kopenhagen? Brun kommt dennoch, und das Gespräch mit Ernst Schimmelmann enttäuscht beide Seiten. Missmutig kehrt der Inspektor nach St. Croix zurück. Er mag nicht umsetzen, was er für falsch hält. Das Vertrauensverhältnis ist damit zerstört, zum 1. Oktober 1795 wird Brun entlassen, und ein kurioser Streit schließt sich an. Schimmelmannns Privatsekretär Kirstein, Nachfolger des treuen Gondolatzsch, fordert Schadenersatz, weil Brun zu wenig Sklaven angekauft und damit dem Gewinn geschadet habe.

Nachdem er so viel über Humanismus und Geschäft gelernt hat, kauft sich der Inspektor nach seinem Ausscheiden aus dem Unternehmen Schimmelmann auf St. Croix eine eigene kleine Plantage mit 27 Sklaven.

* * *

Wenn die Schatzmeisterin den Gatten in der Wandsbeker Grabkapelle besucht, setzt sie sich an heißen Sommerta-

gen auf den für sie bestimmten Sarkophag, und der kühle Marmor tut ihren schmerzenden Gliedern wohl. Sie hatte sich dafür eingesetzt, dass die beiden Steinsärge möglichst schlicht gearbeitet werden. Dass sie aus dem italienischen Livorno auf kostspieliger Schiffsreise herbeigeschafft wurden, empfindet sie als übertriebene Ausgabe, lässt sich jedoch von dem Argument überzeugen, dass es der Schatzmeister so gewünscht habe, was allerdings nicht zutrifft. Julia und Fritz Reventlow, die eine ausgeprägte Neigung für die Kunst Italiens hegen und beträchtliche Summen für den Ankauf wertvoller Möbel und Gemälde ausgeben, hatten für Sarkophage aus Carrara-Marmor plädiert.
In ihrem letzten Lebensjahr hatte die Schatzmeisterin das Hamburger Palais nicht mehr verlassen. Sie war unbeweglich geworden, und als sie 1795 im Alter von 64 Jahren nicht mehr unerwartet stirbt, ist die Trauer in der großen Familie pflichtgemäß, aufrichtig allerdings nur bei den ihr stets nahe stehenden Kindern Julia und Ernst. Bei der Grablegung werden ihr gütiges Wesen und ihre Hilfsbereitschaft gewürdigt, und Matthias Claudius, für dessen Förderung sie sich beim Gatten erfolgreich eingesetzt hatte, widmet ihr die rührenden Verse:

Wohltaten, still und rein gegeben /
sind Tote, die im Grabe leben /
sind Blumen, die im Sturm besteh'n /
Sind Sternlein, die nicht untergeh'n

Für die anderen Lebenden sind die Zeiten zu aufregend, um sich allzu lange mit den Toten zu beschäftigen.

Kapitel 21

VERÄNDERUNGEN

Der Schatzmeister hatte bis zu seinem letzten Atemzug dafür gekämpft, seinen Besitz zu mehren, geschäftliche Rückschläge empfand er als persönliche Niederlagen, die ihn anspornten, den Verlust umgehend in neue Gewinne zu verwandeln. Der Verwalter seines Erbes dagegen musste seine im Vergleich zum Vater ohnehin schwächeren Kräfte zusätzlich aufteilen. Sorgfältig und kritisch von den Miterben beobachtet, leitete Ernst Schimmelmann das verzweigte, auch schon gefährdete Unternehmen, und daneben kämpfte er um die Verwirklichung seiner humanitären Vorstellungen. Und selbst bei diesem zweiten Teil mussten die Kräfte noch einmal auf unterschiedlichen Feldern eingesetzt werden. Denn die Schimmelmanns herrschten nicht nur über Sklaven auf ihren Plantagen, sondern auch über Leibeigene auf ihren Gütern. Und wie in der karibischen Ferne drängten in der Heimat ebenfalls tief greifende Reformen. Mit den gleichen Gegensätzen zwischen Befürwortern und Gegnern.

Als der Schatzmeister 1759 das Schloss Ahrensburg mit den dazu gehörenden Dörfern und Ländereien erwarb, wurde er mit dem Kauf gleichzeitig Eigentümer von 319 Personen. In einem feierlichen Akt schworen sie dem neuen Herrn „gehorsam, hold und gewärtig“ zu sein. Anders als bei den

Sklaven handelte es sich bei den Leibeigenen nicht um Sachen, sondern rechtlich gesehen um Menschen, wenngleich um „Personen minderen Rechts". Sie waren zur Arbeit auf dem Gut verpflichtet, der Gutsherr konnte sie bestrafen, er musste einer Heirat zustimmen und er konnte sie verweigern. Als ein 24-Jähriger eine 42-Jährige heiraten wollte, lehnte der Schatzmeister die Genehmigung mit der Begründung ab, aus der ungleichen Ehe seien keine Nachkommen zu erwarten. Die aber würden für das Gut Ahrensburg dringend benötigt. Auf derartige Rechte könne man durchaus verzichten, räumen die Gutsbesitzer ein, aber allen Leibeigenen die Freiheit zusprechen? Wer soll dann das „Hofland" bestellen? Woher soll das Geld für die Beschaffung der Arbeitskräfte kommen? Und ob die Leibeigenen wirklich frei sein und auf die gewohnte Fürsorge des Patrons und ihre vertraute Umgebung verzichten wollen?

Der Justizrat Ferdinand Otto Vollrath Lakwaetz mag diese Bedenken nicht teilen. Ihm gehört das Gut Bramstedt, das einst König Christian IV. für seine Mätresse Wiebke Kruse erworben hatte. Und der neue, nicht adlige Besitzer hat alle Leibeigenen für frei erklärt. Doch damit nicht genug. Wie ein Volkstribun zieht er anschließend durch die Lande, um in großen Worten seine eigene gute Tat zu rühmen und gleichzeitig zu fordern, dass alle Gutsherren umgehend seinem Beispiel folgen sollten.

Soweit will selbst Ernst Schimmelmann nicht gehen, der, ähnlich wie bei den Reformen für die Sklaven, nicht nur an die Humanität, sondern auch an die Verwandtschaft denken muss. Diesmal allerdings denkt er kaum noch an sich selbst, denn auf den eigenen Besitzungen auf Seeland ist schon weitgehend erreicht, was in den Herzogtümern erst angestrebt wird.

Einmal mehr ist es Fritz Reventlow, der als Sprecher der Ritterschaft vor übereilten Reformen warnt, wenngleich nicht mehr mit der Begeisterung, die ihn bei den Auseinandersetzungen um die Rechte der westindischen Sklaven zum härtesten Gegner seines Schwagers gemacht hat. Die Zurückhaltung erklärt sich auch dadurch, dass er mit seiner kränkelnden Julia auf dem Höhepunkt des Diskurses über die Leibeigenschaft zwischen 1795 und 1797 auf zweijähriger Einkaufsreise in Italien weilt.

Mit Geld hat der dänische Staat den Pflanzern in Westindien die Zustimmung zum Ende des Sklavenhandels erleichtert. Warum soll daheim nicht gelten, was in der Fremde gewährt wird. Als Chef der königlichen Kreditkasse zahlt Ernst Schimmelmann daher beträchtliche Summen an die Gutsbesitzer, und allmählich setzt sich bei ihnen die Ansicht durch, dass es nützlicher ist, freiwillig einzuräumen, was ohnehin nicht zu verhindern ist.

Aber man will nicht in erster Linie Geld, sondern Einfluss auf Entscheidungen des Königs. Die Ritterschaft erinnert daran, welche Rechte sie einst besaß, und wünscht ihre Wiederbelebung. Der regierende Kronprinz lehnt dies ab, und Ernst Schimmelmann steht auf seiner Seite und stellt sich damit gegen die adlige Verwandtschaft in Emkendorf, Knoop, Ahrensburg und Wandsbek.

Acht Jahre Zeit bekommen die Gutsherren, am 1. Januar 1805 soll die Leibeigenschaft aufgehoben werden.

Dieses Mal singt niemand Schillers Ode, Jens Immanuel Baggesen verfasst keine zusätzliche Strophe, und Ernst Schimmelmann erfährt mehr Kritik als Lob. Ist er überhaupt noch ein Deutscher oder doch schon ein Däne? So fragen die Reventlows und Baudissins, und selbst die nervlich kränkelnde Julia fürchtet, den geliebten Bruder zu verlieren.

* * *

Wann beginnt der Niedergang? Oder hat er schon begonnen, ohne dass es die Opfer bemerkten?

In Begleitung des Kronprinzen steht Ernst Schimmelmann am Gründonnerstag des Jahres 1801 auf dem Dach des westindischen Packhauses, um das tödliche Feuerwerk zu beobachten. 56 Schiffe hat Lord Nelson aufgeboten, um die auf der Reede vor Kopenhagen ankernde dänische Flotte zu vernichten. Es ist ein unerwarteter Angriff auf ein neutrales Land oder fast neutrales. Die Bindungen zu Russland waren ständig enger geworden, auch zu Schweden und Preußen. England fühlte sich gefährdet und beschloss einen Präventivschlag.

Einige Brandsätze treffen auch Gebäude der Stadt. Der Schimmelmannsche Besitz jedoch bleibt unbeschädigt. Aber es sind Warnschüsse.

Sechs Jahre später, Anfang September 1807, schießen die Engländer erneut. Diesmal nicht nur auf Schiffe, sondern auf Kopenhagen. Dänemark verhielt sich bis dahin noch immer neutral, weigerte sich, dem Bündnis gegen Napoleon beizutreten. Nach dem Angriff jedoch erhielt der Korse mit

Friedrich VI. einen besonders treuen Verbündeten. Dänemark wurde damit für viele Jahre zum Kriegsteilnehmer.
Für den Schatzmeister war der Krieg ehemals ein höchst willkommener Geschäftspartner. Mit Krieg hatte er den Grundstein für sein Vermögen gelegt. Doch die Zeiten haben sich gründlich geändert. Jedenfalls für die Schimmelmannschen Geschäftsbeziehungen. Den Erben geht es nicht mehr darum, den Reichtum zu mehren, sondern das Erreichte zu bewahren. Diese Aufgabe haben sie Ernst Schimmelmann übertragen. Sie selbst widmen sich anderen Dingen. Auf fast allen Gütern sind Scharen von Handwerkern und Künstlern damit beschäftigt, abzureißen und neu zu bauen. Gärtner schaffen prächtige Parklandschaften, Maler verwandeln Decken und Wände in farbenfrohe, idyllische Paradiese mit Engeln und Göttern und phantastischen Tieren. Die Erträge der großen Güter erlauben diese verschwenderischen Ausgaben nicht. Jedes Jahr warten die Erben daher mit Ungeduld auf die Auszahlungen, die Plantagen, Gewehrfabrik und Zuckerraffinerie abwerfen.
Die Schüsse auf Kopenhagen verursachen zwar einige Unruhen, die aber gehen nicht so tief, dass man das gewohnte Leben aufgibt. Auf Emkendorf reisen noch immer echte und vermeintliche Dichter an, es kommen nach wie vor Flüchtlinge aus Frankreich. Die Hausherrin Julia verlässt das Bett nur noch für kurze Spaziergänge zu den Schwänen am Teich. Fritz Reventlow, der das Treiben der skurrilen Gästeschar so lange mit erstaunlichem Gleichmut ertragen hat, zeigt sich allerdings unduldsamer. Als einziger neben Ernst Schimmelmann ahnt er, dass die veränderten poli-

tischen Verhältnisse auch wirtschaftliche und damit persönliche Folgen nach sich ziehen werden.
Ein weiterer Grund für die Verstimmung liegt in der Person des Kronprinzen. Friedrich VI., der an Stelle seines kranken Vaters regiert, tritt als absolutistischer Herrscher des Gesamtstaates auf und lehnt alle Versuche der von Fritz Reventlow repräsentierten Ritterschaft ab, alte Mitspracherechte der adligen Gutsbesitzer anzuerkennen. Und in dieser starren Haltung unterstützt ihn der Sohn des Schatzmeisters. Mit der Folge, dass sich die Kluft zwischen Emkendorf und dem Palais in der Bredgade ständig vergrößert. Schon seit langem reist Ernst Schimmelmann nicht mehr ins Holsteinische, die Familiengemeinschaft sieht sich nur noch bei der im Testament des Schatzmeisters vorgeschriebenen jährlichen Generalversammlung der Erben.
Für den inzwischen ausgeschiedenen Gondolatzsch legt nun der tüchtige, noch vom Schatzmeister eingestellte Ernst Philipp Kirstein Bilanzen vor, die zunehmend unerfreulicher werden. Ernst Schimmelmann fügt nur selten Erklärungen hinzu, ist mit seinen Gedanken offenkundig nicht bei der gerade besprochenen Angelegenheit. Zum Erstaunen, mehr noch zum Missfallen der anwesenden Verwandtschaft verabschiedet er sich beim jüngsten Treffen sogar bereits nach einer Stunde mit dem Hinweis auf dringende Verpflichtungen bei Hofe, lässt sich stattdessen jedoch nach Seelust fahren und überrascht die Gattin mit dem Vorschlag, im Gartenpavillon mit verteilten Rollen aus „Wilhelm Tell“ zu lesen.

* * *

Noch immer hat Dänemark zwei Könige. Mit Christian VII. einen kranken und mit seinem Sohn Friedrich einen regierenden. Ernst Schimmelmann gehört immer noch zu den wenigen, die Christian besuchen. Man hat dem kranken König im Seitenflügel des Schlosses ein kleines Reich mit einem halben Dutzend Räumen eingerichtet, von denen er nur zwei benutzt. In einem Zimmer übernachtet er, im anderen sitzt er zwischen bunten Kissen, lässt sich fromme Lieder vorsingen und aus der Bibel vorlesen. Wie viel er noch begreift, lässt sich nicht ergründen. An warmen Tagen macht er in Begleitung eines kleinen Hundes im Park Spaziergänge, sorgt für Aufregung unter seinen Dienern, weil er sich bei einem plötzlichen Gewitter mit heftigem Regen auf eine Bank setzt und sich energisch weigert, einen Unterstand aufzusuchen.

Ernst Schimmelmann empfängt er nach wie vor stets mit offenkundiger Freude und spricht ihn meistens mit „Mein lieber Schatzmeister“ an, erkundigt sich aber gleichzeitig nach dem Gesundheitszustand des geschätzten Herrn Vaters. Bei manchen Besuchen wünscht er Auskunft über den Zustand der Finanzen, kennt erstaunliche Einzelheiten und gibt Ratschläge, wo gespart und wo investiert werden sollte. Bei anderer Gelegenheit beklagt er, dass ihn sein Sohn wie einen Kranken behandele und von den Regierungsgeschäften fern halte. Schimmelmann verspricht, er werde ihm auch in Zukunft treu zur Seite stehen und seine Anregungen im Staatsrat zur Sprache bringen.

Eine Woche nach dem Überfall der Engländer auf Kopenhagen ordnet Friedrich an, den Vater in Sicherheit zu bringen. Eine erneute Invasion sei nicht auszuschließen, und es wäre ungünstig für das Ansehen Dänemarks, wenn der König in die Hände des Feindes fallen würde. In Begleitung von 50 Hofbeamten reist Christian daraufhin in der zweiten Septemberwoche 1807 nach Rendsburg, das als größte Festung in den Herzogtümern als besonders sichere Zuflucht gilt. In der Kommandantur am Paradeplatz findet er Unterkunft, für die Bediensteten reicht der Platz jedoch nicht. Sie müssen bei Bürgern der Stadt einquartiert werden. Durch die Anstrengungen der Schiffsreise hat sich der Gesundheitszustand des Königs deutlich verschlechtert, er leidet unter zunehmenden epileptischen Anfällen. Hat er sich erholt, steht er am Fenster und gibt Anweisungen, wo die vorbeimarschierenden Soldaten eingesetzt werden müssten. Es sind aber nicht seine Soldaten, sondern französische und spanische Truppen, die unter dem Befehl des Marschalls Bernadotte aus Hamburg und Lübeck kommen und das noch neutrale Schweden erobern sollen.

Am 13. März 1808 stirbt Christian. Wie es der Zufall will, im selben Alter wie sein ehemaliger Schatzmeister. Der Kronprinz und der gesamte Hof empfinden Erleichterung. Aber der Tod eines Königs muss dennoch würdig betrauert werden. Der Kronprinz hält sich gerade in seinem Hauptquartier in Kiel auf und erreicht schon wenige Stunden nach Empfang der Todesnachricht Rendsburg. Ernst Schimmelmann wählt den beschwerlichen Landweg, weil er die Reise mit einem Besuch auf Emkendorf verbinden will, wo ihn Julia mit überschwänglicher Herzlichkeit und Fritz Reventlow beinahe kränkend kühl begrüßen.

Zwar findet er wie bei früheren Besuchen durchaus Gefallen an der um Julia wie eine Kinderschar versammelten Gäste, die ihn sogleich bereitwillig in ihre Diskussionsrunden aufnehmen, doch schon nach zwei Übernachtungen verlangt der Kronprinz aus Rendsburg nach ihm.
Als er Christian wieder sieht, liegt er einbalsamiert und aufgebahrt im großen Saal der Kommandantur. Nachmittags darf die Bevölkerung Abschied nehmen, und die Schlange der Wartenden reicht bis weit auf den Paradeplatz. Weniger Trauer, sondern vorwiegend Neugierde lockt die Bürger an. Als Schimmelmann sieht, wie teilnahmslos sich die Menschen an dem Toten vorbei schieben, hält er die öffentliche Aufbahrung für einen Fehler, versucht sogar, die Schaustellung nach drei Tagen beenden zu lassen. Der Kronprinz aber, der nun endlich richtiger König ist, vertritt die Ansicht, das Volk habe ein Recht darauf, sich von seinem zugleich strengen und gütigen Herrscher zu verabschieden.
Fast zwei Monate lang ist der tote König zu besichtigen, dann wird der Verstorbene mit einer pompösen Trauerfeier in der nahen Christkirche beigesetzt. Wieder reist Ernst Schimmelmann herbei, diesmal ohne auf Emkendorf eine Pause einzulegen. Ein drittes Mal kommt er sechs Jahre später, als der Sarkophag nach Beendigung der Kriegshandlungen gefahrlos an Bord einer Brigg in den Dom von Roskilde geleitet werden kann. Zu diesem Zeitpunkt haben dramatische Ereignisse Ernst Schimmelmanns Leben verändert.

Kapitel 22

DER NIEDERGANG

Auch als Napoleons Stern schon sinkt, bleibt Dänemark sein treuer Verbündeter. Ernst Schimmelmann gehört inzwischen zu den Gegnern dieses unnatürlichen Bündnisses, aber sein ohnehin stets nur geringer Einfluss bei Hofe hat noch weiter abgenommen. Der alte Schatzmeister mit seinem Reichtum, vor allem jedoch mit seinem Gespür für den zu erwartenden Lauf von Wirtschaft und Finanzen würde jetzt benötigt. Aber hätte er das Verhängnis abwenden können? Denn aus unerklärlichen Gründen hat sich der neue König vom anfänglichen Kritiker zum blinden Bewunderer Napoleons entwickelt.

Der Niedergang seines Reiches scheint Friedrich nicht über Gebühr zu beunruhigen. Hohe Rüstungskosten, der Zusammenbruch des Überseehandels, der Verlust eines großen Teils der Flotte und die Auswirkungen der Kontinentalsperre und damit die Abschließung des europäischen Festlandes gegenüber England haben die Finanzen des dänischen Gesamtstaates ruiniert. Und dieser Ruin greift auf das Schimmelmannsche Unternehmen über. Der königliche Finanzminister und Direktor des Fideikommisses muss zwei Brandstellen zugleich bekämpfen.

Ernst Schimmelmann ist jetzt in einem Alter, das sein Vater bei weitem nicht erreicht hat und das ihn berechtigen würde, im Park von Seelust, im Gutshaus von Hellebaek, im Schloss Lindenborg oder im Palais an der Bredgade ungestört von reitenden Boten seine Gedanken über soziale Gerechtigkeit oder den Geist der Liebe zu Papier zu bringen. Er könnte mit der geliebten Gattin Charlotte die Werke Kants und Schillers studieren und die Sommertage zu Ausflügen in die nähere Umgebung nutzen.

Anders als der Vater hätte er von einem Tag auf den anderen auf alle Ämter und Pflichten verzichten können, ohne dies als einen Verlust zu empfinden. Macht und Einfluss reizen ihn nicht, im Gegenteil, je älter er wird, desto mehr quälen sie ihn. Und dennoch scheut er den Schritt aus der Verantwortung. Warum, das kann er sich nicht erklären, obgleich es Erklärungen gibt: Zuviel hat sich auf seinen Schultern angehäuft, als dass er die Last ohne Verletzungen abwerfen kann.

Für eine Heilung der in den Kriegswirren zerrütteten Staatsfinanzen und der am Boden liegenden Wirtschaft wären übermenschliche Kräfte erforderlich gewesen. Der Sohn des Schatzmeisters besitzt sie nicht. Ihm steht auch nicht das dem Vater stets so holde Glück zur Seite. Hätte er die ererbte Münze mit dem Hadrian-Kopf doch besser nicht achtlos beiseite legen und vergessen sollen?

Ernst Schimmelmanns Entfremdung mit der Verwandtschaft hat weiter zugenommen. Und wenn ein Besuch auf Emkendorf unvermeidlich ist, schmerzt ihn die überall spürbare Abneigung, die sich in Verachtung steigert, als er im Januar 1813 die Verantwortung für eine Entscheidung mit trägt, durch die er sein Ministeramt verliert.

25 Jahre zuvor hatte er eine Urkunde unterzeichnet, in der der König der frisch gegründeten Bank von Altona versichert, dass er „wegen keines Bedürfnisses des Staates und unter keinerlei Vorwand durch uns oder unsere Nachfolger in der Regierung einen Eingriff in die Rechte der Bank mittelbar oder unmittelbar“ zulassen werde.
Mit Gründung der Bank hatten die Herzogtümer gleichzeitig eine eigene Währung erhalten, für deren Wert ein Silberschatz bürgte. Die Hamburger und Lübecker Kaufleute schätzten die harten Taler mehr als die weiche Währung von jenseits der Königsau.
Kann ein Kranker genesen, wenn er die Verbindung mit einem Gesunden sucht? Ernst Schimmelmann lässt sich zu diesem Heilungsprozess überreden, löst die Altonaer Bank auf und schafft die eigenständige Währung der Schleswig-Holsteiner ab. Gleichzeitig verordnet er dem Gesamtstaat eine Währungsreform. Für sechs alte Taler gibt es einen neuen, und damit Geld in die leere Staatskasse fließt, wird jeder Grundbesitz mit einer Zwangshypothek belegt.
Der König unterschreibt die Beschlüsse, aber der Zorn richtet sich gegen den Finanzminister, denn ihn darf man ungestraft kritisieren, ihm wirft man Wortbruch vor, beschuldigt ihn, dem guten Herrscher die so unerfreulichen Beschlüsse eingeredet zu haben. Was nur bedingt zutrifft. Ernst Schimmelmann verabscheut unbequeme Entscheidungen. Auch sucht der König zunehmend seltener seinen Rat, denn der alte Herr benimmt sich zuweilen sonderbar, fragt mitten in die Staatsgeschäfte hinein, wie das jüngste Werk des angeblich so genialen Goethe beurteilt werde, zeigt zudem

nicht das geringste Interesse am Militärischen. Und als im geheimen Kreis darüber beraten wird, wie die aufmüpfigen Holsteiner enger in den königlichen Gesamtstaat einbezogen werden könnten, ist ihm der Kopf auf die Brust gesunken. Für Augenblicke hat ihn große Müdigkeit übermannt.

* * *

Als Finanzminister hat Ernst Schimmelmann seit Wochen von der geplanten Währungsreform gewusst. Eine vorsichtige Andeutung an die Familie hätte Millionengewinne bringen können. Was wohl hätte der Vater gemacht, fragt er sich und schweigt. Auf Emkendorf, auf Knoop, in Ahrensburg und Wandsbek ist man empört. Über das Schweigen, was man natürlich nicht sagt, aber vor allem über die Geldabwertung, obgleich die Kassen überall leer sind. Einige Familienmitglieder heben sogar das Champagnerglas, denn die Abwertung hat die Schulden verringert. Auch andere profitieren. Der dänische General Haffner gesteht, er habe unmittelbar vor Bekanntwerden der Währungsreform für 10 000 Taler ein Gut auf Fünen gekauft. Auf Grund eines Hinweises vom Finanzminister. Die Behauptung ist bösartig, weil nicht zutreffend. Aber sie verbreitet sich und schädigt den Ruf des Ministers weiter.
Natürlich erreicht die Empörung auch den König, der allmählich zu der Überzeugung gelangt, die vorwiegend durch den Krieg entstandene Finanznot könnte auch Schuld des Finanzministers sein. Folgerichtig entschließt sich der an Finanzen eigentlich nicht besonders interes-

sierte Monarch, Ernst Schimmelmann auf ehrenvollem Wege in den Ruhestand zu schicken. Das geschieht 1813, und der Entlassene ist keineswegs betrübt, denn er benötigt seine nachlassenden Kräfte, um das ebenfalls in größte Finanznot geratene Familienunternehmen vor dem Untergang zu retten.

Nie zuvor wird der Schatzmeister dringender vermisst als zu diesem Zeitpunkt. Erforderlich wären nicht nur seine Weitsicht und seine Tatkraft, vor allem seine Gelder.

Als die Wirtschaft noch blühte, hatte Ernst Schimmelmann für das Familienunternehmen Beteiligungen an mehreren Fabriken auf Seeland gewagt. In ein Kupferwerk und in zwei Papiermühlen hatte er investiert. Als die Wirtschaft welkt, benötigen alle Unternehmen, auch die Gewehrfabrik in Hellebaek und die Zuckerfabrik in Christianshavn, zum Überleben dringend Kredite.

Wohin soll unser Kapital fließen, fragen die möglichen Geldgeber. In das bröckelnde Reich jenseits der Elbe? An den hartnäckigen Verbündeten des vor dem Niedergang stehenden Korsen sollen wir unser Geld verleihen? Oder gar das ungewisse Schicksal der fernen Plantagen fördern?

Die Bankiers in Frankfurt und Amsterdam wollen nicht einen einzigen Taler herausrücken. Lediglich die Hamburger Kollegen, bei denen der Name Schimmelmann auch in schlechten Zeiten noch seinen guten Klang behalten hat, zeigen sich großzügig und öffnen ihre Schatzkisten. Allerdings nur gegen feste Sicherheiten. Das Gut Wandsbek muss als Pfand überlassen, die einst so gewinnbringend arbeitende Zuckerfabrik stillgelegt werden. Niemand will sie pachten oder gar kaufen. Schimmelmann empfiehlt daher, die Gebäude abzureißen und aus dem Material Wohnungen zu bauen. Aber auch deren Verkauf wäre unsicher, denn das Geld ist überall knapp. Also wird investiert, und die Maschinen laufen wieder an. Doch die Zuckerpreise sinken, die Verluste steigen, auch deshalb, weil der norwegische Markt abhanden gekommen ist; denn im Kieler Frieden von 1814 verliert Dänemark nach über 400-jährigem Besitz Norwegen an den schwedischen Nachbarn, der mit Russland den besseren Verbündeten gewählt hatte. Die Raffinerie muss daher endgültig schließen, der weiterhin aus den Plantagen angelieferte Rohzucker wird unbearbeitet verkauft.

Nicht besser steht es um die Gewehrfabrik. Der sich dem Ende neigende Krieg beeinträchtigt die Nachfrage nach Waffen, die Einschränkung des Sklavenhandels ebenfalls, weil billige Flinten nicht mehr als Tauschartikel gefragt sind. Die geplante Produktionsumstellung auf Bestecke scheitert.

Ein tatkräftiger Unternehmer wäre erforderlich gewesen, um den maroden Betrieb am Leben zu halten. Doch stattdessen schickt der im Testament des Schatzmeisters als zweiter Direktor des Familienunternehmens eingesetzte Graf Baudissin seinen Sohn, der sich bis dahin auf das Produzieren von Schulden spezialisiert hatte. Folgerichtig geht es mit der Fabrik weiter bergab.

Ob der König seine ehemalige Gewehrfabrik nicht wieder zurück kaufen wolle, lässt Ernst Schimmelmann bei Friedrich VI. anfragen. Der jedoch winkt dankend ab, woraufhin in

Zusammenarbeit mit einem englischen Fabrikanten die Produktion von Gewehren auf Wollstrümpfe umgestellt wird.

* * *

Im Dezember 1816 sterben kurz nacheinander Julia Reventlow und Charlotte Schimmelmann. Ernst Schimmelmann ist jetzt fast 70 Jahre alt, und der Tod von Schwester und Gattin macht sein Leben leer. Widerwillig und pflichtbewusst zugleich verrichtet er seine Aufgaben als Direktor des in den Grundfesten bröckelnden Familienunternehmens, findet voller Sorgen über den wirtschaftlichen Niedergang des Erbes keinen Schlaf und steht immer häufiger mitten in der Nacht auf, um Kant und Schiller und Schelling zu lesen und in fahriger Schrift seine Kommentare zu Papier zu bringen.

Mehr Humanität fordert er darin, und alle Herrscher sollten wie Philosophen regieren. Gleichzeitig ist er noch immer Miteigentümer von 1 000 Sklaven.

* * *

Im Gegensatz zu den inländischen Fabriken liefern die Plantagen auf den westindischen Inseln noch Gewinne. Gleichzeitig sind sie ein ständiges Ärgernis. Schon der Schatzmeister konnte nur mit Mühe aus der Ferne die Geschäfte mit ordnender Hand führen, dem Sohn fehlen dazu Kraft und Autorität. Hinzu kommen die veränderten Verhältnisse. Der Transport von Menschen und Waren ist mühsamer ge-

worden, denn fast tausend Schiffe wurden von den Engländern beschlagnahmt, auf benachbarten Inseln ist es außerdem zu blutigen Aufständen der Sklaven gekommen.
Gerade in diesen schwierigen Zeiten hätte ein integrer und durchsetzungsfähiger Inspektor die Plantagen führen müssen. Aber einmal mehr empfiehlt Graf Baudissin einen seiner Günstlinge, und Ernst Schimmelmann findet nicht die Kraft, sich zu widersetzen. Ein gewisser Johann Friedrich Schrienert hatte sich als Vorleser der Gräfin auf Gut Knoop eingeschlichen, und da ihn trotz Fürsprache des Hausherrn nicht einmal das Kieler Leihinstitut einstellen mochte, erhält er den Auftrag, auf St. Croix den dortigen Plantagen-Inspektor Knudsen zu kontrollieren und seine Erkenntnisse ins Kontor nach Kopenhagen zu übermitteln.
Der Sekretär Kirstein bringt Ernst Schimmelmann die Briefe des Aufsehers, und der liest sie mit Abscheu. Knudsen habe Geld veruntreut, habe sich davon eigene Sklaven gekauft, treibe es mit fremden Frauenzimmern, stelle Gästen schwarze Mädchen zur Verfügung. Der so Beschuldigte nennt Schrienert einen Trottel und einen elenden Kerl, der gut esse und trinke, zwei Stunden Mittagsschlaf halte und mit seinen fast 60 Jahren für die Tätigkeit in einer Plantage ohnehin völlig ungeeignet sei.
Es kommt wie es kommen muss, der Inspektor und sein Kontrolleur zerstreiten sich so heftig, dass schließlich beide entlassen werden müssen.
Der neue Inspektor meldet sogleich schlechte Nachrichten. Es fehlen Arbeitskräfte, weil kein Geld für den noch immer erlaubten Ankauf von Sklaven vorhanden ist. Stürme und

Dürren vernichten die Ernte, die Zuckerpreise fallen weiter. Die gewohnten Gewinne verwandeln sich erstaunlich schnell in Verluste.
Nur zu gerne hätte man die Plantagen verkauft, aber keiner will sie erwerben. Ernst Schimmelmann wünscht sich, der transatlantische Besitz möge im Meer versinken. Wenn wenigstens die anderen Unternehmen im zerbröckelnden dänischen Gesamtstaat Gewinn abwerfen würden. Doch stattdessen produzieren sie Schulden und nochmals Schulden. Gerade einmal zwanzig Jahre sind seit dem Tod des reichsten Mannes im Lande vergangen, da muss sein Erbe mit seinem Sekretär darüber beraten, wie eine Rechnung über 700 Taler beglichen werden kann. Auf annähernd 440 000 Taler belaufen sich bald Schimmelmanns private Steuerschulden. In einem Brief an den König bittet er um Geduld bei der Rückzahlung, entschuldigt seine missliche finanzielle Lage damit, dass er stets seine ganze Kraft dem Staat gewidmet und damit die Überwachung der eigenen Geschäfte habe vernachlässigen müssen. Seine Unentschlossenheit und seinen Wankelmut erwähnt er nicht.
Denn obgleich Schimmelmann über wenig Geld verfügt, ein armer Mann ist er keineswegs. Ihm gehören mehrere repräsentative Wohnsitze, die er verkaufen könnte. Was er jedoch nicht übers Herz bringt. Seit 1824 trägt er den Titel Außenminister, ein Amt, das mit wenigen Pflichten verbunden ist, aber ein Gehalt bringt.
In jüngeren Jahren hätte er die Krise gewiss überwunden, zumal sich die wirtschaftliche Depression aufhellt. Aber Ernst Schimmelmann fühlt sich sehr alt und sehr müde

und ist damit einverstanden, am 9. Februar 1831 im Alter von 84 Jahren die so schwer gewordenen Lasten abwerfen zu dürfen.
Da er keine eigenen Kinder hat, setzt er den Neffen Carl Schimmelmann als Erben ein. Der sichtet einige Wochen nach dem Tod des Onkels den Nachlass. In mehreren großen Kisten sammelt er, was für den Trödler bestimmt ist. Darunter befindet sich auch die Münze mit dem Kopf des Hadrian.